Adultes et chrétiens en itinérance

Défi-Formation

Collection dirigée par Guy Le Bouëdec et Jean-Yves Robin

Cette collection accueille des ouvrages présentant trois caractéristiques

- Les auteurs prennent appui sur des pratiques de formation d'adultes, notamment celles qui valorisent l'interaction formation-pratiques sociales. Celles ci sont situées, décrites et analysées si possible en suscitant le regard des usagers. Puis une théorisation en est proposée.
- Les auteurs développent, en les justifiant, des prolongements possibles en formation de formateurs.
- Les auteurs sollicitent systématiquement un regard externe de la part d'un autre chercheur.

Déjà parus

Guy LE BOUËDEC, Titoun LAVENIER et Luc PASQUIER, *Les postures éducatives*, 2016.
Jean-Pierre GATÉ, *A(p)prendre ou à laisser, Une histoire en héritage* ; 2015
Benjamin DENECHEAU, Gérard HOUDEVILLE, Caroline MAZAUD, *A l'école de l'autonomie. Epreuves et enjeux des dispositifs de deuxième chance*, 2015.
Guy LE BOUËDEC, Christophe PICHON, Gwennola RIMBAUT, *Récits de pratiques et récits bibliques*, 2015.
André BALLEUX, Thérèse PÉREZ-ROUX, *Mutations dans l'enseignement et la formation : brouillages identitaires et stratégies d'acteurs*, 2014.
Edouard BRUEL, Guy LE BOUËDEC, André NIGET, *Qui doit former les cadres de l'enseignement catholique ?*, 2011.
Christelle CHEVALLIER-GATÉ, Jean-Pierre GÂTÉ, *Paroles d'illettrés*, 2010.
Bertrand BERGIER, Sylvain BOURDON, *Ruptures de parcours, éducation et formation des adultes*, 2009.
Jean ROSSIGNOL, *La Passion de vivre ensemble*, 2009.
Jérôme ENEAU, Jean-Marie LABELLE, *Apprentissages pluriels des adultes*, 2008.
Pierre DOMINICE, *La formation biographique*, 2007.

Sous la direction de
Christophe Pichon, Gwennola Rimbaut,
Nathanaël Wallenhorst

Adultes et chrétiens en itinérance

Quels défis pour la formation ?

Préface d'Isabelle Parmentier

L'Harmattan

5-7, rue de l'Ecole-Polytechnique, 75005 Paris

http://www.harmattan.fr
diffusion.harmattan@wanadoo.fr
harmattan1@wanadoo.fr

ISBN : 978-2-343-08321-6
EAN : 9782343083216

SOMMAIRE

AUTEURS

P. François-Xavier AMHERDT, Professeur de théologie pastorale, pédagogie religieuse et homilétique – Faculté de théologie (Université de Fribourg).

Mme Claire BERNIER, Déléguée épiscopale du Service foi (diocèse d'Angers).

Mme Catherine CHEVALIER, Docteur en théologie, Formatrice au Centre Universitaire de théologie pratique – Faculté de théologie – UCL (Université de Louvain la Neuve).

M. Michel FABRE, Professeur émérite en Sciences de l'Education de l'Université de Nantes. Directeur de recherche au CREN.

P. Henri-Jérôme GAGEY, Professeur au *Theologicum* de l'Institut Catholique de Paris, responsable du Projet Prioritaire d'Innovation en Anthropologie chrétienne (Institut Catholique de Paris).

P. Jean JONCHERAY, Professeur honoraire de théologie pratique de l'Institut Catholique de Paris.

M. Guy LE BOUËDEC, Professeur honoraire en Sciences Humaines de l'Université Catholique de l'Ouest.

Mme Isabelle PARMENTIER, Chargée de l'annonce de la foi à la pastorale des familles (diocèse de Poitiers).

M. Christophe PICHON, Professeur en exégèse biblique de la Faculté de théologie et de sciences religieuses – UCO Angers.

Mme Gwennola RIMBAUT, Maître de conférences en théologie pratique de la Faculté de théologie et de sciences religieuses – Université Catholique de l'Ouest d'Angers.

M. Jean-Yves ROBIN, Professeur de la Faculté d'Éducation – Université Catholique de l'Ouest d'Angers. Directeur de recherche de l'Université de Nantes et Professeur associé à l'Université de Sherbrooke.

M. Nathanaël WALLENHORST, Maître de conférences en sciences de l'éducation – directeur de l'IFF Europe – Université Catholique de l'Ouest d'Angers.

Mgr Pascal WINTZER, Archevêque de Poitiers, Président de l'Observatoire Foi et Culture (Conférence des Evêques de France).

PRÉFACE

Isabelle Parmentier

« Maître, regarde : quelles pierres ! Quelles constructions ! » Impressionné par le Temple de Jérusalem, un disciple de Jésus tente de se rassurer (Marc 13, 1). Quand les événements virent au drame, ces murs saints chargés d'histoire paraissent une promesse d'éternité. Est-ce si sûr ? Qu'est-ce qui demeure quand tout bouge ? Que reste-t-il d'inébranlable quand le monde craque et que les certitudes vacillent ? Le cri désenchanté de ce disciple – pourtant bien formé –, l'évangéliste Marc le situe peu avant la passion de Jésus. N'a-t-il rien entendu, rien vu, rien compris ? « Tu vois ces grandes constructions, il n'en restera pas pierre sur pierre ; tout sera détruit » (v. 2). La réponse de Jésus fuse, éprouvante pour le moral, dérangeante, mais dite sur un ton paisible, elle ouvre une espérance invincible.

Il y a « un temps pour planter, et un temps pour arracher », dit l'Ecclésiaste (3, 2). Car on n'arrête pas la vie en marche, pas plus que Dieu ne se laisse enfermer dans des forteresses de doctrines, de dévotions ou de traditions. Tout bouge, et alors ? Ne voyons nous pas que c'est Dieu, le premier qui, depuis les origines, « se bouge » vers nous ? Il sort vers l'homme. « Dieu a tant aimé le monde qu'il a donné son Fils unique (…) » (Jean 3,6). Nulle part il n'est écrit que Dieu a tant désespéré du monde qu'il s'est résigné à bâtir des temples, des instituts de formation ou même à créer des parcours pastoraux ! Il n'envoie pas son Verbe éternel pour résoudre des problèmes institutionnels ou pallier les manques de moyens, mais pour répandre sa joie créatrice sur le monde. Il ne fait rien par déception. Il ne répare pas, il sauve. Il n'organise pas, il vient. Il n'achève pas, il fonde. Il n'en finit pas de commencer, mû par la seule passion d'aimer.

En homme libre, Fils du Père, Jésus met sa confiance dans les processus de vie à l'œuvre en tout homme et lance à son tour ses disciples sur les routes, avec le moins possible de bagages. Il ne saurait que faire de laborieux cahiers des charges. C'est au message essentiel qu'il forme ses disciples : tout homme est enfant de Dieu, aimé et créé pour aimer. Pour le reste, à eux d'inventer ! L'urgence n'est pas de colmater des brèches, mais de sortir semer cette nouvelle toujours plus loin. « Reproduisez, rabâchent les scribes, conformez-vous à ce qui a fait ses preuves et vous serez sauvés ». « Convertissez-vous et croyez à l'Evangile », proclame Jésus. Autrement dit : « Accueillez la nouveauté de Dieu, écoutez sa Parole et vous vivrez. C'est elle qui sauve. » A temps nouveaux, propositions neuves. L'enseignement de Jésus pétri d'Ecriture, s'ajuste au temps présent. Il prononce des mots simples, gorgés de soleil et de vie et, parce que chaque personne est unique, que chaque groupe est spécifique, il pratique une pédagogie différenciée « à hauteur de visage » (Albert Rouet[1]). Plongé dans le meilleur de la tradition des pères, en même temps que renvoyé à son existence la plus quotidienne, chacun, du milieu de la foule, se sent renaître. Le regard de Jésus sur les personnes et les événements, sa vision politique prophétique d'un monde réconcilié sont une tornade d'espérance qui réveille le courage de vivre et d'agir. Qu'y a-t-il donc en lui pour que chacun ressuscite ainsi ? N'est-ce pas l'Ecriture qui s'accomplit ? « Il comble de biens les affamés, renvoie les riches les mains vides » (Luc 1, 53).

Jésus, formateur à notre tête

Mais qui est-il vraiment ? Un charpentier venu de province, sans diplôme ni pouvoir. Beaucoup, pourtant, le nomment « Maître », y compris ses adversaires. « Comment le génie du christianisme a-t-il pu surgir de petites histoires aussi anodines ? » demandait un jour, sceptique, un chef d'entreprise découvrant les paraboles. Depuis, il suit des cours à la faculté protestante de Montpellier. Stupéfiante puissance de l'Évangile. « La question n'est pas de savoir si les chrétiens sont toujours très intelligents (nous savons bien que non) : elle est de savoir si le christianisme est vrai. La question n'est pas de savoir si les chrétiens ont toujours fait ce qu'on attendait ou devait attendre d'eux (nous savons bien aussi

---

[1] ROUET Albert, *L'étonnement de croire,* Paris, éditions de L'atelier, 2013, p. 171.

que non) : elle est de savoir si le christianisme est nécessaire au monde[2] ». Fait foi ce qui fait sens. Investis aujourd'hui dans des facultés comme dans des centres de formation diocésains, en milieu urbain ou rural, les universitaires qui écrivent ce livre, croyants ou non, cherchent ensemble à dialoguer avec l'Évangile pour servir l'élaboration et le dévoilement d'un sens. Un double sentiment de reconnaissance et de joie nous saisit. Ces experts en sciences humaines, en philosophie ou en théologie, soucieux de former des humains capables de dialogue, ne fondent pas leur pratique professionnelle sur le sable de convictions « branchées », mais sur le roc d'une confiance née d'une écoute. Bonne nouvelle pour tous !

Une Église en conversion

Cependant une question me taraude. Ces formateurs qui prennent soin des autres, qui prend soin d'eux ? De quelle nourriture ont-ils besoin pour tenir debout dans les tempêtes actuelles ? Moi-même, engagée comme eux, avec qui puis-je reprendre des forces ? Devenue minoritaire dans la société, l'Église a besoin de rassembler ses forces pastorales, mais peut-être aussi et surtout, ses forces intellectuelles et spirituelles. Des lieux de parole, de confrontation entre pairs existent, comme le colloque qui a donné naissance à cet ouvrage[3]. Heureux moment, trop rare, avouons-le. Car au quotidien, même s'ils s'en défendent, les formateurs se débattent le plus souvent avec leur solitude. De quelle considération sont-ils l'objet dans les diocèses ? La question ne se pose pas tant pour eux que pour l'Église : dans la mission et en vue de la mission, quelle solidarité donnons-nous à voir ?

Mon expérience professionnelle dans quatre diocèses différents depuis trente ans me fait entrevoir deux écueils. Certains lieux ont tendance à survaloriser la formation avec la tentation de l'instrumentaliser, d'autres la sous-estiment. Dans le premier cas, la formation mise sur un piédestal sera vue comme un remède miracle pour résoudre les problèmes. « Quelque chose va mal ?

---

[2] DE LUBAC Henri, *Paradoxes. Nouveaux paradoxes*, Paris, Seuil, 1959, p. 38.

[3] « Les adultes en formation chrétienne. Pour quelles conversions ? », Université Catholique de l'Ouest, Angers, 14 et 15 janvier 2015.

pointe des pieds. Ils le font ordinairement sans agressivité, en silence ; ils ne se sont pas formés pour se battre. A leurs yeux, l'institution reste souvent infantilisante, pas assez responsabilisante.
Ces abandons interpellent. Ils ont forcément des répercussions sur les inscriptions aux formations. Impossible en effet de sous-estimer le défi que représente aujourd'hui la raréfaction des candidats. Dans quelle Église et pour quelle Église formons-nous des adultes chrétiens ? A cause du décalage ressenti avec ce qui se vit sur le terrain, le défi de l'après-formation est pour nous aussi grand que celui des formations elles-mêmes. Que donnons-nous à espérer à ceux qui nous font confiance ? La veille de sa passion, Jésus n'a pas dit aux siens : « Ne vous en faites pas, tout va bien se passer ! » Il ne leur cache pas l'épreuve toute proche, mais il s'avance seul vers sa Pâque, protégeant les siens, les mettant à l'abri jusqu'au jour de sa venue où il les encouragera à donner leur vie à leur tour, comme lui. Aujourd'hui, nul besoin de grands discours sur le mystère pascal, il est à l'œuvre en chacun. Il requiert de la part des formateurs un accompagnement attentif avec toujours en vue le service de la communion fraternelle dans une Église missionnaire pluri-ministérielle, riche de la diversité des charismes et des vocations, comme des nécessaires rôles et fonctions.

Une Église dans le monde et pour le monde

Mais l'Église n'est pas centrée sur elle-même. Sa visée ultime est de servir les hommes. Puisque le monde change, il est normal que sa visée ait à s'ajuster aux évolutions en cours. Que signifie former des chrétiens dans un monde et pour un monde où la foi semble inexorablement reculer, du moins en Occident ? Le défi n'est pas nouveau. A-t-on jamais vu une génération transmettre aisément aux générations suivantes les convictions et les valeurs qui la façonnent ? Que ferait le Christ dans cette situation ? Je suis persuadée qu'il ne changerait pas de cap même si, en son temps, il a pu lui aussi, être saisi d'angoisse. « Le Fils de l'homme, quand il viendra, trouvera-t-il la foi sur la terre ? » (Luc 18,8). Comme tout un chacun, je vois le monde évoluer à une vitesse vertigineuse et, oserais-je l'avouer, pas toujours d'une manière qui me réjouit. Ce n'est pas pour cela que je l'aime moins, ce monde, mais je refuse de me laisser fasciner. Dans ces changements spectaculaires, je guette les constantes et je mise sur ce qui demeure quand tout bouge afin de me tenir résolument aux fondements. Aujourd'hui comme hier, les hommes demeurent partagés entre le désir de puissance et la soif de vivre en vérité. Les progrès de la science et de la technologie rendent impérieuse l'éthique. Des hommes au cœur enténébré propagent une haine destructrice. Des hommes au cœur pur demeurent affamés de justice, en quête de sens et de tout ce qui peut assurer sur la planète « la sauvegarde de la maison commune[6] ». En recherche de Dieu ? Nul ne sait. Qui peut le dire ? Une chose est certaine : Dieu cherche les uns et les autres et veut s'autocommuniquer à tous. C'est là une conviction théologique profonde du formateur chrétien. Notre base d'envol.

Voilà pourquoi je pense qu'à quelque niveau où l'on se trouve, en milieu universitaire comme dans les lieux pastoraux dits du « seuil », la posture de première annonce de la foi est aujourd'hui requise. Incontournable. Mais ne nous méprenons pas. « Première » ne signifie pas initiation de base pour ceux qui n'auraient pas accès à la culture universitaire. L'expression n'est pas à entendre non plus au sens chronologique. Elle est l'expérience intime et universelle, indéfiniment renouvelée, de la mystérieuse rencontre avec le Christ Sauveur, comme si c'était la première fois. Bien sûr que ce n'est pas ou plus la première fois. Paul Ricœur parle de « naïveté seconde ». Permettez-moi un témoignage. Durant mes années d'enseignante, j'ai toujours cherché à me tenir au commencement. Par exemple, je suis restée pendant quinze ans chargée d'enseignement et de tutorat en habilitation au cycle C, au *Theologicum* de Paris[7]. Pourquoi une telle passion pour les commencements ? Accueillir des hommes et des femmes engagés dans la société, avec leur métier, leurs opinions politiques, leurs engagements sociaux, leur vie familiale, et les initier à la théologie en leur donnant les bases d'une

---

[6] FRANÇOIS, *Laudato Si'*, Lettre encyclique sur la sauvegarde de la maison commune, Rome, 24 mai 2015.

[7] Première année d'un cycle de huit années d'études universitaires proposé aux laïcs en cours du soir et qui conduit au baccalauréat canonique de théologie.

méthodologie, le goût de la lecture, et surtout en marchant avec eux en les ouvrant à l'amour du Christ, c'est toujours un enfantement inattendu, un imprévisible accomplissement. Dieu vient.
Le formateur qui se tient au commencement adopte une certaine posture et fait des choix.

- *Une libre autolimitation.* L'Évangile raconte qu'un jour, ayant envoyé ses disciples en avant de lui rejoindre l'autre rive en barque, Jésus les rattrapa en marchant sur les eaux. Il « allait les dépasser » écrit Marc (6, 48). Finalement non, il freine et remonte dans la frêle embarcation, préférant ramer avec les siens, à leur rythme. Rien ne sert d'enseigner trop de choses ni trop vite. Surtout ne pas imposer à des adultes débutants l'état avancé de nos recherches qui supposerait des acquis et tout un chemin qu'ils n'ont pas fait. A chaque étape, sa grâce. « Sobriété heureuse[8] ! »
- *Une posture de « généraliste[9] ».* A notre époque d'éclatement, de fragmentation des savoirs, ce que le généraliste apporte d'irremplaçable, c'est précisément de faire des liens, de tisser les disciplines entre elles, de les relier, de les relire en hiérarchisant les connaissances pour faire émerger un sens. L'Eglise manque cruellement de généralistes. Ce métier, car c'en est un, demande paradoxalement une longue assimilation des connaissances, un constant travail de traduction, une recherche pédagogique jamais aboutie de reformulation pour incarner l'Évangile dans les diverses situations de la vie sans cesser d'être fidèle au message.
- *Une pédagogie résolument différenciée.* Généraliste peut-être, mais pas pour parler « en général ». Annoncer l'Évangile à des détenus, à des enseignants, à des parents, à des médecins ou à des personnes malades, à

---

[8] RABHI Pierre, *Vers la sobriété heureuse,* Paris, Actes Sud, 2010. Il y aurait donc aussi une écologie de la formation !

[9] Rappelons cette définition non dépourvue d'humour : le spécialiste serait quelqu'un qui sait presque tout sur presque rien ; le généraliste, presque rien sur presque tout !

des chômeurs ou à des salariés, à des enfants ou à des personnes âgées… c'est toujours le même Jésus, mais le semeur sorti pour semer a besoin de connaître la terre dans laquelle sa parole va tomber. Priorité aux destinataires ! Lorsque je croise dans la rue un policier, un commerçant ou un chauffeur de bus, je ne me demande pas : « Que pourrais-je leur transmettre ? », mais : « Qui sont-ils ? Que pourrais-je apprendre d'eux pour découvrir, avec eux, la parole qui serait leur 'unique nécessaire' ? » (Luc 10, 42). C'est en partant des réussites, des questions vitales et des préoccupations des personnes, en reconnaissant la grandeur de leur vocation humaine que se découvre le chemin où Jésus, déjà, marche avec eux. Il ne nous a pas attendus.

– *Un travail constant sur le langage.* Faire « le détour par les œuvres de culture », comme dit Paul Ricœur, est indispensable sans craindre des thématiques loin de nos disciplines : chansons contemporaines, théâtre, cinéma, mais aussi essais, romans, bestsellers populaires. Pour quoi ? Pour écouter l'Esprit répandu sur toute chair. C'est lui qui inspire les mots justes, ajustés. Encore faut-il consentir à quitter de temps en temps le jargon savant et, sans diminuer la vérité des contenus, se risquer à dire la foi avec les mots de tous les jours. Je me souviens dans les Yvelines, d'un module de formation intitulé : « Le salut chrétien ». Première soirée, cinq personnes. Le mois suivant, changement de titre. « Dieu veut-il notre bonheur ? » Cinquante participants. Savons-nous formuler des questions assez vitales pour laisser entrevoir Dieu ? Un Dieu ni lointain ni énigmatique, mais qui se fait proche de chacun qui s'adresse aux hommes « comme à des amis[10] » ?
– *Une théologie narrative.* Plutôt que d'expliquer, raconter. Ou expliquer en racontant. Même le Credo est un récit. L'Évangile est une histoire d'histoires, avec ses paradoxes et ses incohérences, ses épisodes inachevés, ses surprises, la vie, tout simplement. Jésus, c'est

[10] Constitution *Dei Verbum* du concile Vatican II, § 2.

l'événement de la venue de Dieu dans l'histoire. Il est venu, il vient encore. Que nos connaissances érudites ne fassent pas écran à sa présence.

Lorsque j'étais formatrice à l'ISPEC[11], j'ai dû apprendre à être missionnaire. Missionnaire en milieu catholique ? Un comble ! Pourtant, on le sait, cette institution scolaire voulue par des chrétiens rassemble depuis longtemps une majorité de jeunes et d'adultes qui ne le sont pas ou qui ne s'inquiètent pas de le devenir. A propos, comment faites-vous pour ouvrir une huître sans couteau ? En la plongeant dans un peu d'eau de mer, son milieu naturel, elle s'ouvre d'elle-même. Ainsi en est-il, à mon avis, de l'annonce de l'Évangile. En journées pédagogiques, pour éviter que mes auditoires a priori défavorables se ferment « comme des huîtres », je contournais les décrets pontificaux auto-référencés sur l'éducation et plongeais les enseignants dans un bain d'évangile. Retour aux sources ! L'écoute était immédiate. Qui m'a appris cela ? Pas l'université, mais parallèlement à mes études, la pratique des Exercices spirituels d'Ignace de Loyola. Une théologie pratique qui entraîne à contempler le Christ dans une géographie spirituelle – « composition du lieu » – qui invite la personne à exprimer son désir – apprentissage concret de l'espérance – à mobiliser conjointement la mémoire, l'intelligence et l'affectivité, une pédagogie qui unifie l'être ; à engager un travail de relecture et de discernement qui dispose à prendre des décisions. Non pas d'abord : « Qu'est-ce que je sais ou qu'est-ce que j'apprends ? », mais : « Qu'est-ce qui m'arrive[12] ? ». « Le christianisme n'est pas tant un message qui doit être cru, qu'une expérience de foi qui devient annonce[13] ». Présenté dans cette perspective, j'en ai fait maintes fois l'expérience, l'Evangile désarme les agressifs tout en déroutant, c'est vrai, les croyants bien-pensants perturbés dans leurs

---

[11] Institut Supérieur de Promotion de l'Ecole Catholique. Ancienne Ecole nationale des cadres située à Angers, aujourd'hui fermée.

[12] Idée-clé de la démarche de première annonce de la foi des petits déjeuners du B'ABBA. PARMENTIER Isabelle et une équipe inter-services de Poitiers, *B'ABBA. Le b.a.-ba de Dieu c'est d'être Père,* Angers, CRER, 2011.

[13] SCHILLEBEECKX Édouard, *Expérience humaine et Foi en Jésus-Christ*, Paris, Cerf, 1981, p. 50.

habitudes. Rien n'est acquis pour personne, mais quelque chose devient possible pour tous.

*

Cet ouvrage traite de questions essentielles. Il regorge d'analyses qui donnent à penser. Il ouvre des chemins, fournit aux formateurs cartes et boussoles et de la nourriture pour tenir bon. Personne n'est à la hauteur de l'Evangile qu'il annonce, ce n'est pas le problème. Nous savons que Dieu se sert de nos faiblesses autant que de nos qualités. Peut-être veut-il juste parler aussi par nous. Bien plus, j'en suis sûre, même si nous ne sommes pas prophètes, il parle « en » nous, de même que, jadis, il a parlé par Moïse, Jérémie ou Paul, mais plus encore « en » Moïse, en Jérémie, en Paul. Cela veut dire que « Paul est l'œuvre de Dieu avant que l'annonce de la foi par Paul, dans ses épîtres, ne le soit[14] ». Merci aux formateurs qui œuvrent en Église et se donnent sans compter.

[14] BEAUCHAMP Paul, *Parler d'Ecritures saintes*. Paris, Seuil, 1987, p. 19.

INTRODUCTION

Claire Bernier, Christophe Pichon,
Gwennola Rimbaut, Jean-Yves Robin,
Nathanaël Wallenhorst

Depuis une trentaine d'années, la vie adulte connaît de profondes métamorphoses[15]. Les formateurs et les catéchètes assistent à ces évolutions, parfois surpris, le plus souvent désarmés ou démunis devant de telles mutations. Ils en arrivent même à poser un diagnostic : les adultes, pour une part non négligeable d'entre eux, sont désorientés[16] ; ils ont, en quelque sorte, perdu leur Orient. Ils s'interrogent sur le sens de leur vie ; en d'autres termes, ils ne disposent plus d'une boussole qui leur indiquerait la direction à prendre. C'est dans ce contexte d'une postmodernité frileuse et désemparée[17] que les « agents pastoraux », eux-mêmes confrontés aux bourrasques de l'histoire, se présentent comme des sujets croyants appartenant à la « communauté des disciples missionnaires »[18]. Ayant reçu au baptême « mission d'annoncer la Parole de Dieu »[19], ces disciples ont à témoigner de leur foi dans une société laïque depuis bien longtemps sécularisée.

Les pratiques de formation chrétienne sont de plus en plus bousculées par ces données profondément enracinées dans la

---

15 Eric Deschavanne et Pierre-Henri Tavoillot, *Philosophie des âges de la vie*, Paris, Grasset, 2007.

16 Jean-Pierre BOUTINET & Pierre DOMINICE (dir.), *Où sont passés les adultes ? Routes et déroutes d'un âge de la vie*, Paris, Téraèdre, 2009.

17 Sébastien Charles, *Les temps hypermodernes*, Paris, Le livre de poche, 2008.

18 *Evangelii Gaudium* 24.

19 *Verbum Domini 94.*

société française. Il importe de prendre conscience des changements en cours, de travailler à leur compréhension et de redessiner les contours de ces formations destinées aux adultes. Pour ce faire, trois groupes d'acteurs sont impliqués : les représentants des institutions, les formateurs et les stagiaires en formation. Les partenaires de cette « triade » sont appelés à s'engager sur un chemin de conversion, pour une communion ecclésiale qui respecte chacun et permette à la Parole de Dieu de poursuivre sa course.

On l'aura compris, les auteurs[20] de cet ouvrage partagent la même intuition : l'âge adulte n'est pas cet état stable acheminant sans encombre tout sujet à bon port, c'est à dire vers une certaine forme de sagesse ou de maturité. Ces représentations fictionnelles ne résistent pas à l'épreuve des faits. La vie adulte est burinée par de multiples crises, que ces dernières soient culturelles, religieuses, sociales, politiques ou économiques[21]. Au sein de l'Eglise, l'adulte lui aussi n'échappe pas à cette itinérance. Il choisit en de multiples circonstances des chemins de traverse pour s'orienter dans l'existence, car les routes sont loin d'être balisées et la signalétique reste souvent imprécise. Les auteurs de cet ouvrage, issus de différentes traditions intellectuelles, utilisent d'ailleurs de nombreuses métaphores pour

---

20 Cet ouvrage rassemble les conférences et les communications d'un colloque interdisciplinaire organisé les 14 et 15 janvier 2015 à Angers par la Faculté de Théologie et de Sciences religieuses de l'Université Catholique de l'Ouest en lien avec les Instituts de Théologie Pratique et Pastorale de Lille, Lyon, Paris, Toulouse et Strasbourg. La participation à ce premier colloque a été particulièrement élevée avec 150 participants, signe de la nécessité pour les responsables de formation d'investir des espaces pour penser la formation chrétienne des adultes, et particulièrement celle des acteurs de la pastorale, depuis l'arrêt des colloques de Francheville.

21 La crise est aussi le moment propice (*kaïros*) à la définition d'un cap. L'origine étymologique du mot crise, *krisis*, renvoie à une triple signification de rencontre de difficultés avec une certaine intensité ; de remise en question, de distanciation (critique) et de séparation ; et enfin de jugement (de *krinein* signifiant à la fois séparer et juger) avec des décisions à prendre pour un changement. Ces trois significations constituent un processus temporalisé ; la *krisis* a un début et une fin, elle est le moment de passage d'une forme à une autre. La sur-utilisation de la notion de crise de la période contemporaine (notamment dans son acception de crise économique) lui a fait perdre en partie sa temporalité – la crise correspond désormais à une caractéristique sociale structurelle – et ne renvoie pas à un impératif de traversée à partir d'un changement paradigmatique, ce à quoi renvoie la notion de krisis et son acception de critique radicale.

rendre compte de ce mouvement. Nous retiendrons plus particulièrement celle de la liquidité et de la fluidité. Il s'agit de surfer sur les vagues des opportunités au milieu d'un océan agité. Le trajet emprunté n'est désormais plus aussi solide. L'adulte ne peut plus parcourir des voies fondées sur du roc comme pouvaient le laisser entendre les carrières professionnelles ou même amoureuses d'antan. Désormais, adieu les points d'appui solides et permanents, vive les sports de glisse, pour reprendre la formule d'Henri-Jérôme Gagey.

Dans cet environnement, l'enjeu pour le formateur, comme l'indique Michel Fabre, se résume en quelques mots : il s'agit d'inviter les adultes à construire leur propres carte et boussole. Cependant, ni l'une, ni l'autre n'indiqueront nettement la direction à prendre : la boussole « polarise seulement l'espace pour que le voyageur puisse déterminer sa route »[22] et la carte énonce les possibles en permettant de se repérer, d'interpréter le chemin parcouru et d'imaginer les itinéraires à emprunter. Cette double métaphore de la carte et de la boussole est particulièrement stimulante pour revisiter la problématique générale de cet ouvrage. Lorsque Michel Fabre évoque le pôle en référence à la boussole, il laisse entendre que l'adulte est désormais convié à choisir telle ou telle option. Le pôle est à construire parmi une pluralité de repères possibles.

On est en droit de se demander si dans la tradition chrétienne ce pôle n'est pas préexistant, proposé à tous ceux qui se rendent disponibles pour l'accueillir et l'adopter ? Mais investir une telle posture ne va pas de soi, il importe de reconnaître son statut d'héritier, ce qui n'est en rien évident dans des sociétés marquées du sceau de la modernité tardive ou avancée[23]. Par conséquent, plus rien ne va de soi, les adultes en sont parfois réduits à ne disposer que d'une seule option, celle de s'en remettre à eux-mêmes. Malgré le double risque de l'isolement et de l'errance, il n'est pas rare qu'ils puissent en certaines circonstances, faire

---

[22] Voir p. 53.

[23] Nous nous référons dans cet ouvrage à la notion de post-modernité tout en reconnaissant que d'autres catégories verbales sont utilisées : modernité tardive, modernité avancée, hyper modernité, seconde modernité…

l'expérience de rencontres avec des témoins qui transformeront leur vie. Ces derniers rempliront une fonction de passeur ou de mentor[24]. Ecouter les récits de leurs aventures et de leurs voyages, s'en inspirer afin d'identifier le pôle à partir duquel, il sera possible de définir un cap et de s'y tenir, tel serait l'enjeu d'une formation chrétienne à destination des adultes en partie « déboussolés ». Mais pour ce faire, il s'agit pour l'adulte d'assumer sa condition d'héritier. Pour un croyant, l'enjeu consiste donc bel et bien à accueillir et recevoir de ses prédécesseurs des formulations et un témoignage de foi. L'accueil et la réception de cet héritage, c'est une invitation pour le chrétien à renouveler ce dernier tout en construisant son propre récit, dans le seul but de maintenir vivante la dynamique de la transmission intergénérationnelle[25].

On le comprend aisément, la foi chrétienne est une opportunité pour des adultes en proie aux doutes, confrontés à l'anarchie des valeurs[26]. Cette foi est un point d'appui pour cheminer tout au long de son existence. D'ailleurs, cette offre de signification reçue en héritage ne se décline pas au singulier, mais au pluriel. Les Ecritures se prêtent notamment à de multiples interprétations et la vie du Christ n'échappe pas à cette règle. Ainsi, les Evangiles sont au nombre de quatre, ils ne rendent pas compte d'une histoire tout à fait identique même s'il s'agit d'évoquer le même itinéraire, la même révélation. Et pourtant, cette diversité loin d'être une menace s'apparente à une indéniable richesse. Comme quoi il existe beaucoup de demeures possibles dans la maison du Père[27]. Cette unité dans la diversité représente l'un des antidotes susceptibles de lutter avec efficacité contre le relativisme ambiant qui ne cesse de désorienter l'adulte tout au long de son cheminement.

---

24 René HOUDE, *Le mentor : transmettre un savoir-être*, Paris, Hommes et perspectives, 1996.

25 Catherine CHALIER , *Transmettre de génération en génération*, Paris, Buchet Castel, 2008.

26 Paul VALADIER, *L'anarchie des valeurs*, Paris, Albin-Michel, 1997.

27 Formulation qui fait écho à Jean 14,2 : « Il y a plusieurs demeures dans la maison de mon père. »

Et de fait, les auteurs formulent nombre de propositions qui sont autant de points d'appui pour s'orienter dans l'existence, que ce soit en s'inspirant de la tradition biblique, en se laissant travailler par l'Esprit ou en se référant aux dogmes. Pour autant, le statut de l'expérience chez l'adulte, sa fonction et ses vertus éducatives ne sont pas ignorés. Elle constitue même une ressource (Jean Joncheray, Michel Fabre, Nathanaël Wallenhorst) pour construire la formation.
Cette dernière constitue donc un espace-temps privilégié pour penser son orientation, choisir un cap, privilégier un pôle et s'y tenir même si le combat engagé n'est pas toujours couronné de succès, tout particulièrement dans cette période où l'Eglise est en France de moins en moins perçue comme un recours ou un point fixe structurant. C'est la raison pour laquelle, les figures de l'autorité ne peuvent s'imposer d'elles-mêmes. On comprend dès lors pourquoi la formation selon Christophe Pichon se donnerait pour ambition d'accompagner un processus d'orientation auprès d'adultes qui demeurent maîtres à bord de leur embarcation. Malgré la houle, les tempêtes et le gros temps, tout au long de cette navigation, il leur revient de développer quatre compétences : définir un cap, faire des choix, cultiver sa motivation et entretenir son rapport au réel.
L'acquisition de ces quatre compétences s'apparente en quelque sorte aux défis à relever dans le champ de la formation. Pour y parvenir, il importe de poursuivre deux objectifs qui sont indissociables : inviter les adultes au questionnement avec l'Evangile comme source d'inspiration – induire, renforcer, étayer ou accompagner un processus de transformation du côté des apprenants.
Inviter les adultes au questionnement, comme le préconisent les contributions rassemblées dans la première partie de cet ouvrage[28], c'est défendre dans le champ de la formation l'option suivante : il s'agit de substituer à « l'homme de la réponse »,

---

28 Ce livre fait notamment suite à *Former des adultes en Eglise* particulièrement centré sur la formation catéchétique (Ambroise BINZ, Robert MOLDO & Alain-Louis ROY et al), *Former des adultes en Eglise. Etat des lieux, aspects théoriques et pratiques. Hommage à Gilbert Adler*, Saint-Maurice, éd. Saint Augustin, 2000).

« l'homme de la question »[29]. Croire, ce n'est pas savoir[30]. Pour le chrétien, c'est un combat quotidien. C'est tout du moins la position défendue par Jean-Yves Robin. Etre sujet, c'est laisser de côté toute forme d'emprise pour être en mesure d'accueillir les signes du temps présent et, qui sait, la parole de Dieu. Mais comme l'écrit Michel Fabre, rien ne peut se faire sans le recours à une boussole que l'on apprend à bricoler au fil de l'existence, tout en sachant qu'il est aussi possible de prendre ses repères en se munissant d'une carte même si cette dernière ne se confond pas avec le territoire[31]. Ce bricolage laisse entendre que bien des incertitudes demeurent. C'est la raison pour laquelle, l'adulte dispose bien souvent d'une seule option, celle de *surfer* pour reprendre l'expression d'Henri-Jérôme Gagey. Mais ce type de navigation peut se révéler périlleuse si elle ne prend pas appui sur les ressources de la foi.

Annoncer que l'Evangile est une source d'inspiration essentielle dans un dispositif de formation, c'est révéler une ambition qu'il importe d'expliciter, ce que font pour une part les auteurs rassemblés dans la deuxième partie de cet ouvrage. Il s'agit notamment pour François-Xavier Amherdt d'envisager les articulations possibles entre le sujet croyant et le disciple missionnaire. A partir d'une analyse d'*Evangelii Gaudium* (*La joie de l'Evangile*), la mission d'envoi aux périphéries selon la formule du Pape François suppose un enracinement dans la foi et un style missionnaire marqué par la joie. C'est dans cette perspective que se situe la contribution de Catherine Chevalier. Elle met au travail les liens et les tensions entre l'expérience croyante et le donné de la foi. Se faisant, elle identifie les enjeux du devenir chrétien dans un contexte de fragilisation des sujets et de perte d'évidence sociale du christianisme. La singularité du style évangélique dans le champ de la formation des adultes, c'est

---

29 Paul VENGRAND, « Le manifeste de l'éducation permanente : l'homme de la réponse et l'homme de la question » in Gaston PINEAU G. (éd.), *Éducation ou aliénation permanente: repères mythiques et politiques*, Science et Culture, Montréal, Dunod, 1977, p.78-85.

30 Bernard SESBOUË, *Croire, Invitation à la foi catholique pour les femmes et les hommes du XXIe siècle*, Paris, Droguet et Ardant, 1999.

31 La carte est une représentation et une schématisation du territoire et en est déjà une interprétation.

bien de construire une articulation entre une logique de formation et un processus de conversion, ce qui laisse entendre que ce genre de croisement obéit à une triple exigence : ecclésiale, sociale et vocationnelle.
Croisement et articulations sont donc des métaphores qui peuvent, elles aussi, être source d'inspiration. Elles permettent notamment de déceler un certain nombre d'enjeux. C'est ce que montre Guy Le Bouëdec dans son chapitre consacré aux triades. Entre les adultes, les formateurs et le commanditaire institutionnel, les intérêts, les attentes, les enjeux, les projets ne sont pas toujours de même nature. Les tensions, les convergences, les divergences, les complicités, mais aussi les risques de fractures sont bel et bien là. Le risque encouru consiste à les ignorer. C'est la raison pour laquelle il importe que soient engagées des discussions pour réguler ce type d'échange afin que soit trouvé un équilibre acceptable entre ces différents partenaires. Dans le prolongement de la réflexion conduite par Guy Le Bouëdec, Jean Joncheray croise l'apport psychosociologique avec l'analyse théologique en pensant la formation chrétienne des adultes comme un style renvoyant à l'art de la présence à l'autre. Enfin Monseigneur Pascal Wintzer[32] propose une analyse sociale et culturelle de la période contemporaine. En tant qu'Evêque, il représente l'institution commanditaire susceptible de préconiser certaines orientations dans le champ de la formation chrétienne. Il développe notamment au cours de sa contribution combien l'Ecriture, la tradition et l'accompagnement des adultes sont des appuis essentiels dans un dispositif de formation.
Et les adultes dans tout cela, que disent-ils ? **Eprouvent-ils le sentiment d'être transformés** après avoir participé à tel ou tel processus de formation ? Quelles réponses donner à ces interrogations ? Très rapidement, une évidence s'est imposée aux organisateurs de ce colloque : les dispositifs dont on pourrait présupposer qu'ils induiraient d'éventuelles métamorphoses devaient être systématiquement étudiés par des chercheurs non impliqués dans l'organisation, la formation et la conduite de ces projets afin de garantir une analyse rigoureuse. Le lecteur

[32] Monseigneur Pascal Wintzer, archevêque de Poitiers, est aussi responsable de l'observatoire Foi et Culture au sein de la Conférence des évêques de France.

trouvera donc dans cette troisième partie de nombreuses données, elles pourraient être source d'inspiration pour penser un processus de formation. Il serait possible notamment d'évoquer : l'éducation à la problématisation et à la distanciation critique ; l'acquisition chez l'adulte tout au long de la formation d'un style évangélique structurant sa façon de vivre et les modalités d'investissement de sa mission ; ou encore l'importance de l'accompagnement pour cheminer au rythme des sujets. C'est dire combien, chez ces adultes, il importe de prendre en compte leur fragilité, mais aussi la globalité existentielle et sociale de leur parcours. C'est au cœur de cette singularité radicale que surgissent des formulations renvoyant à l'essentiel : le cœur – le point fixe – le repère absolu – le fondement ; en résumé : sans carte, ni pôle, ni boussole, il est impossible pour l'adulte de s'orienter dans la vie. On discerne à la faveur de ces analyses combien les défis que le formateur doit relever sont immenses. C'est ce que sous-entend le Pape François lorsqu'il déclare le 27 juillet 2013 devant les évêques du Brésil : « Il est important de promouvoir et de soigner une formation qualifiée qui fasse des personnes capables de descendre dans la nuit sans être envahies par l'obscurité ni se perdre ; d'écouter les illusions d'un grand nombre, sans se laisser séduire ; d'accueillir les désillusions, sans se désespérer ni tomber dans l'amertume ; de toucher ce qui a été détruit chez les autres, sans se laisser dissoudre ni décomposer dans sa propre identité. »

Première partie

Former des adultes au questionnement dans un monde problématique

Les défis de la vie adulte. Devenir sujet
Le projet de toute une vie

Jean-Yves Robin

Introduction

Evoquer les différentes figures de la vie adulte présuppose que cette dernière ne se décline pas au singulier, mais au pluriel. Qu'y a-t-il en effet de commun entre le jeune adulte en prise avec les défis de sa vie amoureuse, les questions de son insertion sociale et professionnelle et l'adulte en pleine maturité qui, au crépuscule de son existence, s'interroge et se demande ce qu'il aurait pu ou dû entreprendre. Dans ce dernier cas, éprouve-t-il le sentiment d'une relative intégrité et d'une certaine *bénefficience* qui pourraient se résumer en quelques mots : « Au bout du compte et malgré les échecs, les déconvenues et les obstacles, je ne m'en suis pas trop mal sorti et, désormais, je peux considérer que les temps sont accomplis ». Mais chacun sait que cette sensation d'intégrité n'est pas toujours au rendez-vous. Nous connaissons tous des adultes du grand âge, pétris de regrets et d'amertume comme s'ils avaient traversé le temps, sans jamais avoir vécu, déclarant parfois qu'ils n'ont fait que gagner leur vie à la perdre. Au-delà de ces enjeux existentiels évoqués notamment par Erikson[33], est-il possible d'établir le diagnostic d'une « immaturité de la vie adulte »[34] ?

Par ailleurs, l'entrée dans la vie adulte se décrète-t-elle en prenant en compte une unité de mesure somme toute contestable : l'âge objectif ? Suffit-il de fêter son 18ème anniversaire pour éprouver le sentiment d'être un adulte ? Nous savons tous que l'âge

---

33 ERIKSON Erik Homburger, *Enfance et société,* Neuchatel, Delachaux et Niestlé, 1974.

34 BOUTINET Jean-Pierre, *L'immaturité de la vie adulte,* Paris, PUF, 1998.

subjectif ne fait pas bon ménage avec l'âge objectif. Que ce soit le syndrome *Tanguy* (je m'accroche désespérément au cocon familial) ou le syndrome *Peter Pan* (je ne veux pas grandir), ces conduites mettent en évidence que l'entrée dans la vie adulte ne va pas de soi. Par conséquent, il est nécessaire dans un premier temps d'esquisser les grandes lignes d'une problématique consacrée à la vie adulte. Qu'est-ce qui fait problème ? Pourquoi consacrer dans le champ des sciences sociales et humaines tant de travaux à cette période de la vie qui ne soulevait guère d'interrogations – tout du moins en France – il y a encore trente ans ? Qu'est-ce qui justifie cet intérêt ou cet engouement ? Sans doute parce que devenir adulte, ce n'est plus une évidence, mais un travail à temps plein qui nous occupe du matin jusqu'au soir et du soir jusqu'au matin. C'est ce que je vais essayer de montrer en trois points. Dans un premier temps, je reprendrai les questions que je viens d'évoquer. En procédant de la sorte, il sera possible de cerner les contours de cette problématique consacrée à la vie adulte. Par la suite sera venu le moment de dresser un portrait des différentes figures de la vie adulte. Je me risquerai donc à vous proposer une typologie issue de mes travaux. Elle n'aura qu'une portée heuristique, mais elle permettra d'engager un dialogue et un débat. Enfin, les sciences sociales et humaines ne peuvent en permanence se complaire à dresser des diagnostics de la réalité souvent justes et décapants. Il importe aussi de dépasser cette psychologie de la désolation et de la dénonciation pour construire une psychologie de la proposition qui ne se confond pas avec une psychologie de la consolation ou de la compassion. Au fond, le grand défi de la vie adulte, c'est de parvenir à devenir un sujet. Or, rien ne permet d'affirmer que ce dernier puisse émerger à la faveur d'un combat incessant. Ce n'est pas parce que l'adulte dit systématiquement « non » qu'il habite sa demeure intérieure. Mais ce n'est pas non plus parce qu'il respecte scrupuleusement les normes qu'il parvient à s'émanciper. Alors quelles sont donc les caractéristiques de ce sujet, ce « Saint Graal » qui représenterait à lui seul l'ambition de toute une vie ?

1. Rien ne va plus du côté des adultes ?

Je souhaite attirer l'attention du lecteur en identifiant un certain nombre d'indicateurs qui laissent à penser que les figures de la vie adulte se sont radicalement transformées au cours de ces trois ou quatre dernières décennies. Guy Avanzini, dans *L'éducation des adultes*[35], écrivait que le devenir d'un adulte pouvait se résumer par cette formule empruntée à Paul Valéry : « Nous naissons plusieurs et nous mourrons un seul ». En d'autres termes, au fil du temps, l'ensemble des possibles s'amoindrit et nous sommes inéluctablement confrontés à notre singularité et notre finitude. Certes, ce diagnostic reste pour une part légitime, mais je ne résiste pas à la tentation d'inverser la formule. Au fond, nous sommes nés un seul et nous mourrons plusieurs. Dans mon enfance, le brave curé de la paroisse rurale à laquelle j'appartenais n'a jamais éprouvé le besoin tout au long des séances de catéchèse de nous parler de l'Islam, du Judaïsme ou du Protestantisme. Aujourd'hui, la mondialisation, le dialogue interreligieux, l'œcuménisme sont des thématiques essentielles. Sur les places publiques de l'hexagone, les diversités culturelle et religieuse sont devenues prégnantes, par conséquent, il est bien difficile d'en faire l'économie sauf à recourir à cette mécanique mortifère et défensive que peut être le déni. A nous de choisir l'option qui nous convient, mais cette liberté reste placée sous haute surveillance ; les débats consacrés au port du voile, par exemple, n'ont fait que réveiller des querelles que l'on croyait définitivement endormies, notamment au sein de l'école. Chacun y va donc de son interprétation et le récent ouvrage d'Alain Finkielkraut, *L'identité malheureuse*[36], est là pour nous rappeler combien l'Europe éprouve parfois des difficultés à reconnaître son héritage chrétien. Cette *oïkophobie* (peur de sa maison) est l'un des avatars de la diversité. Or face à cette dernière, l'adulte est invité à choisir. Certains le font d'une manière radicale en privilégiant l'enfermement communautaire et le repli identitaire. D'autres s'installent dans ce qu'il est convenu d'appeler le relativisme. Cette forme de liquidité identitaire privilégie les

---

35 AVANZINI Guy, *L'éducation des adultes,* Paris, Anthropos, 1996.

36 FINKIELKRAUT Alain, *L'identité malheureuse,* Paris, Stock, 2013.

adhésions versatiles, les relations éphémères et un sens exacerbé des opportunités. Cette liquidité annonce en quelque sorte la liquidation pure et simple du sujet. « Tout se vaut ma brave dame ou mon bon monsieur », ce n'est qu'une question de moments et de circonstances. Certes, mais on peut également interroger une réalité qui ne cesse d'intriguer les chercheurs en sciences sociales. Il est devenu de plus en plus courant que des adultes sollicitent les services de conseillers en tout genre afin de gérer les cours de leur existence tant sur les plans personnel que professionnel. Est-ce à dire que ces adultes seraient en quelque sorte de plus en plus désorientés précisément parce qu'aujourd'hui, plus aucun message ni aucune figure tutélaire ne font vraiment autorité ? Qui croire et que croire ? A quel sens se vouer ? Après les routes balisées de la tradition et de la modernité, les déroutes d'une vie chaotique et tourmentée ont fini par s'imposer au grand désespoir de ceux qui entretiennent le culte de la nostalgie. L'entrée dans la vie adulte est de plus en plus marquée du sceau de la complexité et s'apparente à un long et lent processus. Sans doute est-il pertinent d'évoquer ici un oxymore : l'immaturité adulte. En effet, le latin *adultus* renvoie à l'idée d'achèvement alors que l'immaturité laisse entendre que le développement de l'individu même avancé en âge n'en est qu'à ses balbutiements.

C'est la raison pour laquelle certains auteurs (Pierre Dominice, Jean-Pierre Boutinet, Jacques Aubret, Jacqueline Monbaron, Christian Heslon, Jean-Yves Robin) s'interrogent et se demandent : *Où sont donc passés les adultes d'antan, ces adultes étalons devenus au fil du temps des adultes à problème*[37] *?* Et d'ailleurs, cette maturité ne serait-elle pas au bout du compte qu'une illusion ? Il serait possible de reprendre l'ensemble de ces questionnements en posant une nouvelle interrogation : mais quelle définition donner de l'adulte aujourd'hui ? Il est sans doute périlleux de proposer une réponse. Cette proposition suscitera le débat et peut être même la polémique – autant de qualités qui

37 BOUTINET Jean-Pierre & DOMINICÉ Pierre (dir.), *Où sont passés les adultes ? Routes et déroutes d'un âge de la vie,* Paris, Téraèdre, 2009.

illustreront une fois encore, combien la vérité scientifique reste toujours suspensive et provisoire comme l'ont écrit Karl Popper[38] et Gaston Bachelard[39]. Pour autant le risque que je prends reste mesuré. En effet, je vais user d'un argument d'autorité, stratagème cognitif bien connu lorsque l'on est dans l'impossibilité d'administrer la preuve de ce que l'on avance. C'est donc en me référant à Freud[40] que je dois cette définition. Il aurait dit au terme d'une conférence que ce qui caractérisait un adulte, c'était d'être en mesure d'assumer deux tâches développementales essentielles : *Lieben und arbeiten* – aimer et travailler. Vaste projet, car comme chacun sait, que ce soit du côté des sphères professionnelle ou amoureuse, rien ne va plus ! Peut-on encore évoquer le modèle de la carrière pour décrire les parcours professionnels de nos contemporains ? Quant aux carrières amoureuses, force est de constater qu'elles sont, elles aussi, marquées du sceau de la diversité. Pour ma part, je m'attacherai à décrire les nouvelles configurations des carrières professionnelles, car l'essentiel de mes travaux et des données que j'ai recueillies portent sur cette thématique.

Le profil de cette problématique est particulièrement complexe. Au nom de cette complexité, il serait légitime de mobiliser une approche interdisciplinaire. Je reste pour ma part très prudent à l'encontre de ces démarches qui ne parviennent pas toujours à éviter un double écueil. Premièrement, l'interdisciplinarité peut prendre la forme d'une telle indiscipline que l'on ne parvient plus à identifier la cohérence des propos tenus. Avant de faire dans l'interdisciplinaire, il importe donc de poser les frontières épistémologiques. C'est pourquoi j'ai éprouvé la nécessité au cours de cette contribution, de préciser mon ancrage

---

38 POPPER Karl Raimund, *La logique de la découverte scientifique. Traduit de l'anglais par Nicole Thyssen-Rutten et Philippe Devaux,* Paris, Payot, 1973.

39 BACHELARD Gaston, *La formation de l'esprit scientifique. Contribution à une psychanalyse de la connaissance objective*, Paris, Vrin, 1938.

40 Cette formule fut prononcée par Freud lors d'une conférence. Elle a été reprise par de nombreux auteurs comme Francis DANVERS, *S'orienter dans la vie : une valeur suprême ? Essai d'anthropologie de la formation*, Villeneuve d'Ascq, Presses Universitaires du Septentrion, 2009.

disciplinaire. C'est en psychosociologue d'obédience analytique que je m'exprime. Je tiens en effet pour impossible de séparer l'individuel du collectif, car comme le soutient Sigmund Freud[41], toute psychologie individuelle reste pour une part, une psychologie sociale dans le sens élargi, mais pleinement justifié du mot précisément parce qu'il s'agit d'une psychologie objectale et génétique. Pour autant, échapper au risque de la confusion n'autorise pas à tomber dans le piège de la séparation. C'est le deuxième écueil qu'il importe de contourner. Une fois les frontières de l'ancrage disciplinaire posées, rien n'interdit d'effectuer quelques excursions en territoire étranger. Il s'agira alors de rapatrier vers son port d'attache un certain nombre de notions ou d'analyses dans le but de renouveler les questions que l'on se pose. Mais ce procédé s'effectuera souvent en contre bande, à la barbe et aux yeux de douaniers toujours enclins à condamner des rapprochements jugés illégitimes.

2. Petite galerie de portraits de la vie adulte

Nous allons maintenant visiter cette petite galerie de portraits de la vie adulte. Pour ce faire, je reprendrai d'une manière synthétique les travaux que j'ai réalisés depuis 20 ans auprès de nombreux adultes que j'ai longuement rencontrés afin de comprendre les caractéristiques de leurs parcours personnel et professionnel.

Je me souviens encore de cet ancien ouvrier et syndicaliste CGT qui n'avait connu qu'une seule entreprise tout au long de sa vie professionnelle, à savoir les Ardoisères d'Angers. Au terme, d'une journée passée à ses côtés, il m'avait conduit aux portes d'entrée de son entreprise laissée à l'abandon. A plus de 80 ans, cette expérience allait se révéler bouleversante. Il ne put retenir ses larmes, c'était au-dessus de ses forces et il préféra rebrousser chemin. De retour chez lui, il évoqua le désastre que représentait à ses yeux cette casse industrielle. Il ne comprenait pas que de tels sites ne soient plus exploités alors que les ressources minières, loin d'être épuisées, pouvaient encore justifier la mise

41 FREUD Sigmund, « Psychologie des masses et analyse du moi » in *Essai de psychanalyse*, Paris, Petite Bibliothèque Payot, 1924, p. 83-164.

en œuvre d'un projet industriel. Je comprenais son amertume. ***Cet adulte nostalgique en quête de sécurité*** n'avait sans doute pas fait le deuil d'une industrie désormais disparue. Or, ce type d'expérience fut aussi relaté par Danièle Linhart[42] et son équipe dans un ouvrage consacré à l'équipementier automobile Chausson. Dans ce livre intitulé *Perte d'emploi, perte de soi*, les chercheurs évoquent leur étonnement. Les Chaussons ont été victimes d'un marché de dupes. Pendant des mois si ce n'est des années, ils ont accepté sans broncher, ni rechigner les différentes réformes et restructurations imposées par le sommet stratégique des plus grandes industries françaises de l'automobile afin, disaient-elles, d'assainir la situation et de sauver cet outil industriel si performant. Les Chaussons ont fini par découvrir que dès le premier projet de restructuration, la fermeture de leur entreprise était programmée. Mais le plus surprenant dans cette histoire, c'est la réaction des ouvriers. Tous ceux qui avaient retrouvé un emploi en CDI furent recontactés par les chercheurs. Il leur fut demandé s'ils accepteraient de reprendre leurs fonctions dans l'entreprise Chausson au cas où cette société de sous-traitance redémarrerait son activité. Ils ont tous donné une suite favorable à cette proposition au nom de leur attachement à une communauté de travail qu'ils avaient abandonnée. Pourquoi évoquer ces deux exemples ? Parce que les mutations objectives ne provoquent pas obligatoirement les transitions identitaires attendues ou souhaitées. On pourrait même parler d'une désynchronisation comme si le temps des projets entrait en conflit avec le rythme des sujets.

Cependant, nombre d'adultes ont fini par décoder le message managérial. Ils ne se font plus guère d'illusions quant à l'éventualité d'un enracinement durable au sein d'une organisation. Ils ont fini par assimiler un certain nombre de règles du jeu érigées par bien des entreprises. Elles sont au nombre de 6 :

1. *Nous ne pouvons pas vous promettre que nous serons encore longtemps en affaires.*
2. *Nous ne pouvons pas vous promettre que nous ne serons pas achetés par une autre entreprise.*

---

42 LINHART Danièle, *Perte d'emploi, perte de soi*, Paris, Erès, 2002.

3. *Nous ne pouvons pas vous promettre qu'il y aura place pour des promotions.*
4. *Nous ne pouvons pas vous promettre que votre poste existera jusqu'à ce que vous atteigniez l'âge de la retraite.*
5. *Nous ne pouvons pas vous promettre qu'il y aura assez d'argent pour votre pension.*
6. *Nous ne pouvons pas nous attendre à une loyauté sans faille de votre part et nous ne sommes pas certains de la souhaiter*[43].

Le mérite d'une telle charte, c'est qu'elle ne laisse planer aucun doute. Dans d'autres contextes institutionnels, le message est probablement plus aseptisé, mais les invitations à la flexibilité et à la mobilité sont, elles aussi, sans ambiguïté. Elles se révèlent même contre-productives. Nombre d'adultes ont identifié le caractère leurrant de cette doxa managériale. Ils en arrivent par ne plus adhérer au discours institutionnel, ils mesurent l'abîme qui sépare l'agir communicationnel (susciter l'adhésion) de l'agir stratégique (exercer le pouvoir au nom d'une morale de comptable). Ces acteurs caméléons sont devenus des salariés mercenaires. Ce sont ***des adultes transitionnels,*** ils développent un sens particulièrement affiné des opportunités qui se présentent à eux. Ni d'ici, ni d'ailleurs, ils se vendent au plus offrant, surfant sur les vagues des propositions qui leur sont faites. Ils n'entretiennent donc aucun sentiment d'appartenance à l'égard des entreprises qui les recrutent ; par conséquent, ils ne partagent pas leur système de références. Ils ont appris à faire comme si. L'enjeu pour eux, c'est de rester toujours en mouvement, sans se soucier d'établir avec un collectif de travail des liens de fidélité ou de solidarité qui de toute manière n'ont pas lieu d'être. A long terme, ce processus de désaffiliation représente une menace pour

---

43 Cette affichette était intitulée : « Attentes des employeurs à l'égard de leurs employés ». Cette note fut placardée sur le tableau d'une entreprise américaine. Elle fut citée par A. Gosselin de HEC Montréal à l'occasion des entretiens Jacques Cartier. J'ai lu à de multiples reprises ce document devant des étudiants de formation initiale (moyenne d'âge : 21 ans) et de formation continue (moyenne d'âge : 45 ans). Si le second public réagissait vivement à cette lecture, le premier quant à lui était quasi indifférent.

la survie des institutions et ce n'est donc pas sans raison que François Dubet[44] parle de leur déclin.

Pourtant, certains adultes persistent et signent. Ils adhèrent sans réserve à ce patriotisme d'entreprise pour lequel ils vont se dépenser sans compter. Ces « pathologies de l'excès » vont prendre différentes formes : le *burn-out* ou l'épuisement professionnel, le *karoshi* ou la mort subite au travail, l'idéologie sacrificielle, le culte de la performance et de l'excellence, le respect inconditionnel des normes qualité qui véhiculent une culture de la mort. Or ces dérives pathologiques ne sont pas des phénomènes si récents comme le prétendent les sociologues. Pascal Chabot[45], philosophe de son état, rappelle dans son ouvrage intitulé, *Global Burn-out*, quelques données historiques qui pourraient retenir notre attention. Il cite notamment le *Dictionnaire de théologie catholique*, dans son tome XI, le volume 2 et dans sa version de 1932 où il est écrit à la page 2030 : « Les pères de l'Eglise ont apparenté l'acédie *non seulement à l'ennui,* mais à une maladie de trop [...] C'est l'excès de prière *pensent-ils* qui a raison de la foi. « L'esprit malin » suscite le désir d'en faire toujours plus. Le frère harassé de fatigue veut prendre du repos, mettre fin au travail. Mais l'esprit malin l'excite et l'anime. Point de relâche, il faut continuer. »

Comme quoi le *burn-out*, la souffrance au travail ne touchent pas seulement les salariés du secteur commercial et industriel. Bien des adultes quelle que soit leur activité professionnelle signent un contrat socio-psychique avec leur institution. Il se décline sous la forme d'une collaboration inconditionnelle. Il s'agit de ne faire preuve d'aucun esprit critique. Dans ce contexte, pourquoi établir des limites entre ses vies personnelle et professionnelle. Pourtant la clinique psychanalytique nous apprend que le franchissement de toute limite n'annonce rien de bon puisque se profile à l'horizon un risque, celui de basculer au mieux dans l'absurde, au pire dans l'abject. En effet, que dire de ces adultes joignables à tout moment et en tout lieu ? Ces adultes hyper connectés sont-ils encore présents au monde dans l'ici et

---

44 DUBET François, *Le déclin de l'institution,* Paris, Seuil, 2002.

45 CHABOT Pascal, *Global burn-out,* Paris, PUF, 2013.

maintenant ? Font-ils l'apprentissage au quotidien à la faveur des technologies de l'information et de la communication de cette dissociation qui facilite l'émergence de personnalités fragmentées, voire schizoïdes ? Que penser de ces adultes qui ne communiquent plus avec leur interlocuteur lors d'un repas précisément parce qu'ils sont en permanence sollicités par leur i-phone ou leur tablette ? Trop de communication tue la communication. On peut certes apprendre à gérer la saturation, mais à un moment ou à un autre, les masques tombent. La vitesse et la précipitation isolent ***l'adulte saturé*** qui finit par ressentir un sentiment d'aliénation. Cette dernière prend la forme « d'une pathologie de la responsabilité ». Elle achemine le sujet vers l'implosion dépressive. Comme le dit si bien Alain Ehrenberg[46], l'adulte, aujourd'hui, n'entre pas en dépression parce qu'il se sent coupable. Il sombre dans un état dépressif précisément parce qu'il n'est plus en mesure de faire face. Cette lassitude, cette fatigue d'être soi-même sont les caractéristiques d'une société post-moderne. Elle a érigé en vertu cardinale l'individualisme. L'adulte est devenu l'entrepreneur de sa vie et il ne peut s'en prendre qu'à lui-même s'il n'est pas en mesure de faire face aux défis qui sont les siens. Parfois, le destin de « l'adulte par excès », c'est de devenir « un individu par défaut » pour reprendre l'expression de Robert Castel[47].

Au fond, se rejoue ici « la parabole du vieux philosophe et des gros cailloux ». De quoi s'agit-il exactement ? « Un jour, un professeur de philosophie renommé fut engagé pour prononcer une conférence auprès de dirigeants. Il s'agissait de fournir à ce public quelques repères pour penser la gestion du temps. L'intervenant ne disposait que d'une heure pour faire passer son message. Debout devant son auditoire, il regarda ses interlocuteurs et leur dit : « Nous allons réaliser une expérience ». Il sortit alors un immense pot de verre situé sous la table qu'il posa délicatement devant lui. Ensuite, il s'empara d'une dizaine de cailloux de la grosseur d'une balle de tennis. Ils furent placés un

---

46 EHRENBERG Alain, *La fatigue d'être soi. Dépression et société*, Paris, Odile Jacob, 1998.

47 CASTEL Robert, *Les métamorphoses de la question sociale*, Paris, Fayard, 1999.

par un dans le grand pot. Une fois, ce dernier rempli, il fut impossible d'y ajouter un caillou supplémentaire. Le professeur leva lentement les yeux vers les stagiaires et leur demanda : « Est-ce que le pot est plein ? » Un oui unanime retentit dans la salle. Il attendit quelques secondes et se pencha de nouveau pour s'emparer d'un sac de gravier situé sous la table. Il versa ce gravier sur les cailloux, brassa légèrement le pot ; le gravier s'infiltra entre les cailloux jusqu'au fond du pot. Le professeur leva à nouveau les yeux vers son auditoire et demanda de nouveau : « Est-ce que le pot est plein ? » Cette fois, les dirigeants répondirent : « Probablement pas ». « Très bien » rétorqua l'intervenant. Voyons maintenant ce que nous pouvons faire avec ce récipient. De fait, il était toujours possible de verser du sable dans ce pot et de mélanger le tout. Une nouvelle fois, l'intervenant demanda : « Est-ce que le pot est plein ? » Tous répondirent : « Non, bien sûr ! » « Et pour vous le démontrer, rétorqua le professeur, je vais verser de l'eau dans ce pot en utilisant le pichet qui se trouve devant moi. » Et c'est ainsi que le pot fut rempli à ras bord. Le professeur posa alors cette question : « Quel enseignement tirer de cette expérience ? » Un stagiaire répondit : « Cela démontre que nos agendas même s'ils sont complètement remplis, ne le sont pas tout à fait et qu'il est toujours possible d'y ajouter quelques rendez-vous supplémentaires. » « C'est une façon de voir les choses, rétorqua le philosophe. Cependant la vérité qui se dégage de cette expérience est de mon point de vue la suivante : "Si on ne met pas les gros cailloux en premier dans le pot, on ne pourra plus le faire par la suite" ». Or quels sont donc les gros cailloux constitutifs de nos existences ? En d'autres termes, qu'est-ce qui importe ? Qu'est-ce qui est accessoire ? Qu'est-ce qui malgré tout demeure essentiel dans nos vies ? La santé, la famille, les amis, faire ce que l'on aime, défendre ce que l'on croit, faire valoir une cause ? … Ce qui est fondamental, c'est de mettre au centre de sa vie ses gros cailloux, ceux auxquels on est attaché. Alors dans la gestion de sa vie, lorsque tout semble bien difficile à programmer, quand rien ne va plus, il est parfois nécessaire de se reposer cette question : mais quels sont donc les gros cailloux de nos existences ?

A cet égard, ***les adultes engagés en quête de réenchantement*** ont sans doute fait cette expérience. Ils ont à cœur de privilégier le cours d'une existence plus harmonieuse. Ils redécouvrent les vertus de la lenteur et en font l'éloge. Ils privilégient de nouvelles formes de mobilisation existentielle[48]. Il en est ainsi de ces diplômés de l'enseignement supérieur qui après avoir passé quelques années dans la région parisienne décident de revenir en province pour préparer un CAP de tapissier, de luthier ou de plombier dans le but de mener une vie plus conforme à leurs aspirations profondes. Ces mobilités descendantes volontaires permettent de comprendre combien l'adulte postmoderne est de plus en plus confronté à un chaos vocationnel renforcé par un certain nombre de désillusions suite à un atterrissage sur la planète travail qui ne s'est pas déroulé dans les meilleures conditions. Je souhaiterais à cet égard rappeler que les risques d'épuisement professionnel sont les plus importants au tout début de la carrière tant chez les enseignants que chez les infirmières. Des données récentes montrent que le risque de suicide chez les enseignants est supérieur à celui des agriculteurs et des policiers. Enfin, il est rarement dit que la profession médicale reste la plus à risque en matière de suicide. Alors, pourquoi s'étonner que plus de 40% des étudiants en quatrième année de médecine envisagent d'interrompre leurs études et qu'un interne sur deux déclare avoir songé à mettre fin à sa vie. Nous avons là des données inquiétantes. Mais sortons de ce catastrophisme et ouvrons quelques pistes d'espérance. En fait, ces chiffres révèlent combien l'ambition de toute une vie chez un adulte, c'est de parvenir à devenir un sujet. De quoi s'agit-il ?

3. Entrer dans le vif du sujet !

Les réponses à ces questions sont le fruit de ma double expérience de chercheur et d'analysant. L'un des premiers enseignements qui peut être retiré du processus analytique est le suivant : le sujet n'est en rien assimilable au Moi. Cette instance de la personnalité reste défensive (je peux tenir et me maintenir)

---

48 PICHON Alain, *Les cadres à l'épreuve – confiance, méfiance, défiance*, Paris, PUF, 2008.

ou offensive (je réussirai et je dépasserai les objectifs attendus). Elle répond bien souvent à des idéaux auxquels il semble impossible d'échapper. Le fait de se soumettre à ce genre d'injonctions flatte le narcissisme et entretient l'adulte dans l'illusion de sa toute-puissance. Devenir sujet, c'est rompre les amarres avec une mécanique répétitive qui n'a que trop duré. C'est précisément en desserrant l'étau de cette compulsion à la répétition qu'il est possible d'entrer dans l'histoire. A cet instant, le sujet contourne un certain nombre de pièges qui lui sont tendus. Il ne s'agit plus de répéter inlassablement une histoire, mais de faire l'histoire. Pour cela, il importe d'être présent au présent dans le présent. En d'autres termes, être inscrit dans le temps et dans l'espace pour construire un peu de consistance et s'affranchir du double risque de la dissociation et de la fragmentation – risques qui pèsent particulièrement sur les adultes en ces temps de révolution numérique. Il est aussi essentiel de rester dans la joie en évitant bien des distractions qui plongent l'adulte dans la spirale infernale de la jouissance. Il s'agit là d'une marque de fabrique, celle des sociétés néocapitalistes, ultralibérales et postmodernes : toujours plus de bénéfices, de plaisir, de profits, d'objets à consommer, de sexe, de dividendes et ce jusqu'à épuisement… Ces conduites addictives, loin de pacifier les esprits, ne font qu'exciter les ambitions comme si chaque gain exigeait de nouvelles performances. Or devenir sujet, c'est être en mesure de faire preuve de sérénité, d'accepter un certain dépouillement tout en étant capable de manifester cette auto dérision à l'égard de soi-même afin d'apprivoiser un inconscient qui ne cesse de faire retour. **Ce sujet, parfois hors de lui, tente en certains cas d'habiter sa demeure intérieure. Il est quotidiennement en prise avec son inconscient,** mais il n'est pas pour autant systématiquement sous son emprise dès lors qu'il mène ce combat régulier en vue de briser les chaînes de l'aliénation de sa conscience.

Cependant, les propos qui précèdent laissent planer un doute. S'agirait-il de céder au charme envoûtant de la parthénogenèse ? Il serait possible de croire que le sujet pourrait donner naissance à lui-même par lui-même. Les militants de l'auto-formation ont parfois donné libre cours à cette illusion. Je reste pour ma part convaincu selon la formule de Paul Ricoeur que « nous ne naissons pas dans une position de novateur », mais d'abord et avant tout « dans une position radicale d'héritiers »[49]. Cette assertion mérite d'être discutée. Le processus de transmission ne se confond pas avec la mécanique de la reproduction. Toute transmission est un acte de création et de recréation. Il s'agit pour celui qui transmet de rendre compte de son rapport subjectif et incarné à la culture, aux savoirs sous toutes ses formes, aux traditions, aux objets et aux valeurs. Et pour ce faire, rien ne vaut la narration comme le rappelle Catherine Chalier[50]. Raconter et raconter encore dans le but de ne pas voir un patrimoine tomber en ruine. C'est précisément parce que le peuple juif n'a cessé de se raconter que le judaïsme est resté dans l'histoire. Quant aux héritiers, ils s'approprieront leur héritage en adoptant une position critique. Ils ne sont en rien des dévots. C'est le prix à payer pour rester **un sujet critique assumant une position radicale d'héritier**.

Le sujet critique est aussi **un sujet capable** au sens où l'entend le psychologue Yves Clot[51]. La clinique de l'activité a démontré que les efforts de coordination dans les milieux professionnels étaient voués à l'échec. A vouloir tout organiser et rationaliser, les services chargés de la gestion des ressources humaines notamment en finissent par oublier que la tâche prescrite ne se confond pas avec le réel de l'activité. Or, cette dernière reste le produit d'une action collective. Elle ne peut être décrétée, c'est ce que Christophe Dejours appelle la coopération[52]. En d'autres termes, **trop de coordination tue la coopération**. Par conséquent, un sujet capable puise son énergie et son sens de l'initiative dans un collectif de travail. Ce constat maintes fois mis en évidence dans les travaux contemporains issus de la

---

49 RICOEUR Paul, *Temps et récit 1. L'intrigue et le récit historique*, Paris, Seuil, 1983 ; RICOEUR Paul, *Temps et récit 2. La configuration dans le récit de fiction*, Paris, Seuil, 1984 ; RICOEUR Paul, *Temps et récit 3. Le temps raconté*, Paris, Seuil, 1985.

50 CHALIER Catherine, *Transmettre de génération en génération*, Paris, Buchet-Chastel, 2008.

51 CLOT Yves, *Travail et pouvoir d'agir,* Paris, PUF, 2008.

52 DEJOURS Christophe, *Le choix – Souffrir au travail n'est pas une fatalité*, Montrouge, Bayard, 2015.

psychologie du travail suscite une question : Est-ce à dire que ces adultes qui ne savent plus à quel sens se vouer sont désorientés en raison précisément de leur isolement ? Récemment, j'ai découvert sous la plume de la sociologue Nicole Aubert quelques éléments qui permettraient de répondre à cette question : « On voit que sens vient de la racine indo-européenne *sent* désignant la raison, le bon sens, et d'autre part le fait de marcher, de prendre une direction ; par ailleurs, *sinni*, en islandais, la plus ancienne langue germanique, signifie le compagnon de route. Le mot à ses origines semble ainsi exclure l'idée d'un sens solitaire[53]. » Nous avons là des éléments essentiels pour comprendre que l'adulte ne s'en sortira pas seul. C'est à la faveur de liens répétés et confiants avec le collectif que s'édifieront des réponses qu'il est difficile d'élaborer dans la solitude. C'est ce que montrent les recherches issues de la clinique de l'activité. Le sujet engagé par exemple dans un collectif de travail découvre qu'il est capable de développer des ressources psychologiques et sociales. Elles sont les meilleurs antidotes pour lutter contre les risques psychosociaux. A la lumière de tous ces éléments émerge donc la figure d'un sujet capable, en mesure de développer son « pouvoir d'agir ». Tout ceci n'est rendu possible qu'à la faveur d'un **collectif de travail** qui autorise un travail collectif.

Accorder tant d'importance au collectif, c'est défendre un postulat que j'emprunte à Paul Ricœur[54]. Pour se retrouver, le plus court chemin qui va de soi à soi, c'est l'autre. Là encore, cette formule mérite d'être discutée. Pour ce faire, il est stimulant de se référer à une philosophie de l'exode évoquée par Catherine Chalier dans son ouvrage consacré à Lévinas[55]. Le sujet en quête incessante de reconnaissance reste sous l'emprise d'une revendication narcissique – cette dérive pathologique est fort présente dans les milieux universitaires. Or pour se retrouver, rien ne vaut cette sortie de soi qui passe par soi, mais ne se réduit pas à soi. Cette formulation n'est pas sans conséquence. Elle

---

53 AUBERT Nicole, « L'intensité de soi » in AUBERT Nicole (sous la direction de), *L'individu hypermoderne*, Paris, Erès, 2004, p. 87.

54 RICOEUR Paul, *Soi-même comme un autre,* Paris, Seuil, 1990.

55 CHALIER Catherine, *Lévinas, l'utopie de l'humain,* Paris, Albin-Michel, 1993.

sous-entend que **le sujet de l'exode** assume une certaine forme de précédence. Le souci de l'autonomie ne peut exclure le fait que nous soyons le produit d'une antériorité que chacun peut qualifier à la faveur d'une spiritualité qu'elle soit verticale ou horizontale. Dans le prolongement de ce qui précède, nous pourrions reprendre le titre de l'ouvrage d'Henri de Lubac[56] et le commenter en nous inspirant d'une formule empruntée à Charles Péguy : « Le drame de l'humanisme athée, c'est qu'il est autothée. »

Conclusion

Au terme de cette contribution, il importe de rappeler un certain nombre d'enjeux éducatifs. Trop souvent, nous accordons une importance primordiale dans le champ de la formation aux savoirs académique (ce que je sais) et expérientiel (ce que je sais faire). Pour l'apprenant, ce qu'il sait et ce qu'il sait faire sont des capitaux essentiels. Mais bien souvent sont laissés en jachère les savoirs existentiels qui permettent de répondre pour une part à cette interrogation fondamentale : qu'est-ce que je fais de ce que je sais de ce que je suis ? Rares sont les adultes qui osent sculpter leur demeure intérieure pour la rendre plus viable. Et pourtant, cette *Kulturarbeit* reste une clef essentielle pour s'affranchir et s'émanciper. Ce travail de la culture ne se confond pas avec un effort de rationalité comme le rappelle la psychanalyse. C'est dans la déconstruction et la dénarrativisation qu'il est possible de traquer l'inconscient. Le travail de la culture rappelle Nathalie Zaltzman, « c'est l'accroissement du degré […] de conscience que l'homme réussit à gagner sur ce qui le détermine intérieurement et lui échappe. Par ce gain […] se trouvent modifiés ses héritages ancestraux, et agrandis les territoires de sa vie psychique […] Cela ne signifie pas que dans la hiérarchie des connaissances, *la conscience* de soi soit plus importante, plus valeureuse. Mais que, parmi les différents ordres de connaissances, ce sont les gains de consciences gagnés sur les

---

[56] DE LUBAC Henri, *Le drame de l'humanisme athée,* Paris, Cerf, 1944.

terres étrangères internes qui constituent le progrès spécifique au travail de la culture, son œuvre d'humanisation[57] ».
Comme j'ai pu l'indiquer en me référant à un ouvrage récent, *Souffrir d'enseigner*[58], les risques d'épuisement et de décrochage dans la profession surviennent au cours des cinq premières années de la carrière. Nul doute que pour ce type de phénomènes, de nombreux facteurs sont en jeu et qu'il serait illégitime de privilégier une causalité linéaire. Ce type d'argument ne justifie pas pour autant que soient laissées à l'abandon des dimensions subjectives et qualitatives dans le champ de la formation, c'est tout du moins la conviction de Claudine Blanchard-Laville de l'université de Nanterre, elle anime des séminaires d'analyse de la pratique d'inspiration psychanalytique auprès d'enseignants depuis de nombreuses années. Elle écrit dans son dernier ouvrage, *Au risque d'enseigner* : « J'entends bien le reproche qui peut m'être fait de tenter d'adapter à tout prix les enseignants à des situations rendues impossibles par des facteurs externes. Je note que pour moi, il est plus important de soutenir que dans beaucoup de situations si chacun faisait le travail psychique qui lui revient, cela allégerait considérablement les choses pour tout le monde[59] » tant il est vrai comme le disait Jean Jaurès que l'on n'enseigne pas seulement ce que l'on sait, mais également ce que l'on est.

57 ZALTZMAN Nathalie, *L'esprit du mal,* Paris, éd. de l'Olivier, 2007, p. 65-66.

58 BOYER Rémi & HORENSTEIN José-Mario, *Souffrir d'enseigner. Faut-il rester et partir ?*, Arquennes, MeoMogrames, 2013.

59 BLANCHARD-LAVILLE Claudine, *Au risque d'enseigner. Pour une clinique du travail enseignant.* Paris, PUF, 2013, p. 162-163.

Éduquer et Former dans un monde problématique

Michel Fabre

Introduction

Mon propos consistera à développer une remarque de Paul Ricoeur : « Préparer les gens à entrer dans cet univers problématique me paraît la tâche de l'éducateur moderne[60] ». Notre monde est en effet devenu problématique. C'est dire que nous avons perdu les certitudes des sociétés traditionnelles et peut être aussi quelques-uns des espoirs que la modernité nous avait légués. D'où un auto-questionnement généralisé. Il faut en effet préparer les jeunes à ce monde problématique, car l'auto-questionnement de la société est susceptible de développer ce que j'appellerai, en paraphrasant Marx, deux maladies séniles de la post-modernité à savoir l'intégrisme et le relativisme. Le relativisme, c'est le résultat d'un questionnement brouillon : l'idée que tout se vaut, que chacun peut faire ce qu'il veut. A l'autre extrême, nous avons l'intégrisme ou plutôt les intégrismes : religieux, idéologiques, politiques avec le dogmatisme, voire le fanatisme qui en découle, comme l'actualité le montre avec les attentats du 7 janvier 2015. L'intégrisme est la crispation sur des absolus en dehors de tout questionnement possible. Intégrisme ou relativisme sont des maladies du questionnement, c'est pourquoi je pense que l'éducation intellectuelle et morale doit viser aujourd'hui, avant tout, l'apprentissage d'un questionnement, d'une problématisation prudente, comme aurait dit

---

60 HOCQUARD Anita (dir), Paul Ricoeur « Éduquer à quoi bon ? » in *Ce qu'en disent les philosophes, anthropologues et pédagogues*, Paris, PUF, 1996, p. 95-108.

Aristote. C'était déjà la proposition de John Dewey dont je m'inspirerai librement ici.
Mais cette éducation prudentielle requiert plutôt des repères que des chemins tracés. C'est pourquoi, tout ce que peut faire une philosophie de l'éducation, c'est de filer, aussi loin que possible, quelques métaphores de l'orientation, comme celle de la boussole et de la carte. Ce minimalisme ne renvoie nullement au relativisme ou au scepticisme comme la suite le montrera.
Je développerai mon exposé en trois points : 1) j'essayerai d'abord de caractériser ce que j'appelle un monde problématique ; 2) j'aborderai ensuite la question des repères en éducation ; 3) je développerai enfin les métaphores de la carte et de la boussole.

1. Un monde problématique

Que veut-on dire quand on parle d'un monde problématique ? Georg Lukàcs utilise la notion de « monde problématique[61] » pour désigner l'univers du roman qu'il qualifie également d'épopée d'un monde sans dieu. Le roman désigne ainsi « la disparition de toute fin évidente, la désorientation décisive de la vie entière[62] ». Dans le monde du roman, les significations, l'identité, la solidité du monde même deviennent flottantes. Ce monde du roman anticipait bien ce qu'est devenu aujourd'hui notre monde.
Comme le disait Gilles Deleuze, un monde problématique est un monde non platonicien, ou les Idées (l'idée de famille, de nation, d'école) ne sont plus des essences stables, mais des problématiques[63]. Dans le platonisme, la question de l'essence, la question « qu'est-ce que ? » est toujours liée à celle du Bien. Dans le ciel platonicien, les idées sont éclairées par le soleil du Bien. Or c'est cette relation du vrai et du bien que nous avons perdu. Nous ne savons plus exactement ce qu'est ou ce que devrait être une famille, une « vraie, une bonne » famille, une

---

61 LUKACS Georges, *La Théorie du roman*, « Méditations », Paris, Denoël-Gonthier, 1963.

62 *Ibid*, p. 55.

63 DELEUZE Gilles, *Logique du sens*, Paris, Minuit, 1969.

« belle et bonne » école. Nous ne savons plus très bien ce qu'est un « bon » éducateur, un « vrai homme » ou une « vraie femme ». La crise nous oblige à rouvrir les problèmes anthropologiques fondamentaux. Par exemple pour la question de la famille, quelles seraient les multiples manières raisonnables d'articuler alliance, filiation et transmission ? De même : peut-on assigner des limites et lesquelles au progrès de la médecine dans la maîtrise des processus vitaux : la vie, la mort, la reproduction ? Il est à craindre – comme le disait Emile Durkheim à propos de l'éducation – que notre monde soit désormais entré dans un processus de problématisation continuée. S'il en est ainsi, nous ne pouvons espérer sortir de la crise, la crise est notre lot.

Au fond, cette crise est contemporaine de l'avènement de la modernité. Quand on découvre que la Terre n'est plus le centre de l'Univers, s'ouvre une crise intellectuelle et morale qui remet en question la totalité de la culture et rend énigmatique la place de l'homme dans le *cosmos*. Les modernes ont dû chercher de nouveaux fondements. Or, ce qui caractérise cette recherche, c'est l'ambition de trouver un point fixe, un repère absolu. René Descartes réclame un levier et un point d'appui pour soulever le monde et ce sera le *cogito* sur l'évidence duquel il va tenter de fonder tout le savoir. Auguste Comte, Georg-Wilhelm Friedrich Hegel, KarlMarx, chercheront plutôt un point d'horizon, une fin de l'histoire : l'âge de la science, le savoir absolu, la société sans classe. Comment interpréter cette quête d'absolu ?

Bien des philosophes (Georg-Wilhelm Friedrich Hegel, Edward Husserl, Martin Heidegger) ont essayé de caractériser cette crise moderne et d'en tirer les leçons. L'originalité de John Dewey[64], c'est de nous montrer que cette recherche d'un point fixe, d'un absolu, d'un alpha ou d'un oméga relève d'un malentendu. En effet, ce que les philosophes modernes n'ont pas vu – dit Dewey – c'est que la science galiléenne, qui était censée constituer le modèle de toute certitude, nous délivre au contraire une leçon de relativisme. Puisque ce que l'on croyait vrai hier se révèle faux aujourd'hui, ce qui est considéré aujourd'hui comme vrai pourra

64 DEWEY John, *Reconstruction en philosophie*, Publications de l'université de Pau Farrago / Editions Leo Scherer, 2003.

s'avérer faux demain. La science, loin de nous livrer un absolu – comme le pensait les philosophes de la modernité – nous enseigne que tout est processus, tout est changement. Et cette idée va imprégner la société tout entière – dit John Dewey. Elle intervient même dans les « critères et principes moraux », c'est-à-dire dans les mœurs. Cette vision de la science comme processus pousse certains de nos contemporains au scepticisme et d'autres à se crisper sur des absolus plus ou moins irrationnels. Pour John Dewey, ce dynamisme de la science est ce qui nous procure le modèle de rationalité dont nous avons besoin. Il y a là l'image d'une raison ni dogmatique ni sceptique, d'une raison questionnante ou problématisante qu'il résume sous le nom d'enquête.

Bref, les modernes étaient des terriens. Ils recherchaient tous un point fixe, une certitude absolue, un roc sur lequel bâtir et fonder. Désormais nous savons que notre monde n'a rien d'une terre ferme, il est fluent et changeant comme la mer. Nous sommes devenus des marins. Mais, pour John Dewey, ce type de problématisation dont la science nous propose le paradigme, suffit pour connaître et se conduire. La rationalité de l'enquête n'est pas sceptique, car questionner nécessite une dialectique de certitude et d'incertitude. On ne peut logiquement douter de tout. Douter de quelque chose, mettre en question quelque chose suppose de s'appuyer sur du hors question au moins provisoire. C'est cette dialectique que Wittgenstein développe dans son dernier ouvrage[65]. On ne peut certes se baigner deux fois dans le fleuve d'Héraclite, mais celui-ci s'écoule néanmoins entre des berges relativement fixes. A moins d'inondation, c'est-à-dire de dissolution de l'univers culturel et social. Cette dialectique de certitudes et d'incertitudes, cette dialectique de questionnement et de hors question provisoire est ce qui sous-tend une rationalité interrogative et critique. Comment cette dialectique peut-elle fonder l'expérience éducative ?

---

[65] WITTGENSTEIN Ludwig, *De la certitude*. Traduit de l'allemand par Jacques Fauve, Paris, Gallimard, 1976.

2. La question des repères

Si l'univers est devenu liquide, si nous sommes devenus des marins, où trouver des repères pour l'éducation ?

L'ampleur de notre crise fait que nous ne pouvons désormais nous fonder sur les traditions, que la normativité de la nature (les soi-disant lois naturelles) ne va plus de soi, que le sens de l'histoire est devenu indéchiffrable avec l'effondrement des « grands récits » de la modernité et de l'idée de progrès. Pour Dewey, qui tire les leçons de ces effondrements, l'expérience est bien celle d'un processus dont le sens s'avère complètement immanent[66]. Les repères servant à guider l'expérience ne sauraient provenir que de l'expérience même. Qu'est-ce donc qu'une expérience éducative ? Une expérience qui est pleinement expérience c'est-à-dire qui satisfait aux deux critères de continuité et de transaction sujet/milieu : a) elle s'ouvre sur d'autres expériences ; b) elle fournit des leçons qui serviront à orienter l'expérience future ; c) elle me relie aux autres, dans la communauté la plus large possible et accroit la densité de mes relations aux autres. Cette conception minimaliste du pragmatisme paraît être la seule possible dans un monde problématique. L'expérience est désormais la seule source du repérage éducatif. Où en sommes-nous aujourd'hui avec cette expérience éducative qui est l'héritière de toute l'histoire de l'éducation ? Un certain nombre d'analyses philosophiques, historiques et sociologiques dévoilent plusieurs processus historiques à l'œuvre : la sécularisation de la loi[67], le développement d'une démocratisation du processus éducatif, ce que Alain Renaut appelle « la libération des enfants »[68], l'avènement d'une culture post-moraliste, d'une éthique de l'après-devoir[69].Tous ces

---

66 DEWEY John, *Démocratie et éducation : introduction à la philosophie de l'éducation.* Présentation et traduction de G. Deledalle, Paris, L'âge d'homme, 1983.

67 PRAIRAT Eirick, *La Sanction, petite méditation à l'usage des éducateurs*, Paris, L'Harmattan, 1997.

68 RENAUT Alain, *La libération des enfants, Contribution philosophique à une histoire de l'enfance*, Paris, Calman-Lévy, 2002.

69 LIPOVETSKY Gilles, *Le crépuscule du devoir : l'éthique indolore des nouveaux temps démocratiques*, Paris, Gallimard, 1992.

mouvements convergent pour faire opérer un double glissement de la normativité éducative : a) de l'impératif au conditionnel ; b) de la nécessité de suivre le droit chemin à la nécessité d'inventer son propre chemin. L'éducation ne peut plus consister à édicter aux jeunes le chemin qu'ils doivent suivre. C'est bien à chaque sujet de tracer sa route en marchant. Une telle conception exige des types de repères n'imposant pas une direction, mais permettant au sujet de s'orienter lui-même.

Trois problèmes éducatifs naissent de ce double glissement de la normativité éducative. Premier problème. Si on passe de l'impératif au conditionnel, alors l'éducation est plutôt de l'ordre du conseil, de l'accompagnement[70]. Que l'éducation et la formation aient tendance aujourd'hui à se penser comme accompagnement, constitue véritablement un signe des temps problématiques. En effet, dans l'accompagnement, selon Maela Paul, il s'agit bien de se joindre à quelqu'un *pour aller où il va* en même temps que lui et à son rythme propre. Il ne s'agit donc pas de montrer la route, mais de suivre l'éduqué où il veut aller, pour qu'il chemine le mieux possible et puisse atteindre le but qu'il s'est fixé. Mais sur quoi la prudence de l'éducateur va-t-elle s'appuyer ? Sur l'expérience de l'éducateur ? Mais encore faut-il que l'éduqué ressente le bien-fondé de cette expérience. Jean-Jacques Rousseau avait bien compris que pour qu'Émile apprenne de l'expérience il fallait qu'il soit soumis au principe de réalité. Or la question est de savoir quelle place nous donnons aujourd'hui au principe de réalité dans l'éducation familiale ou scolaire ou dans l'éducation populaire.

Deuxième problème. Tout peut-il être conditionnel dans l'éducation ? Comment définir un noyau moral d'obligation ? Le minimum paraît être l'interdit fondamental de la violence : ne pas nuire à autrui. Mais le minimalisme moral est-il suffisant pour l'éducation ?

Le troisième problème est celui de la transmission dans un monde problématique, dans un monde qui change sans cesse. Hannah Arendt définissait la crise de l'éducation par l'existence d'une

---

70 PAUL Maela, *L'accompagnement : une posture professionnelle spécifique*, Paris, L'Harmattan, 2004.

brèche entre le passé, le présent et l'avenir[71]. Nous ne sommes plus certains de pouvoir transmettre l'héritage que nous avons reçu.

3. La carte et la boussole

Je n'ai pas la clé de tous ces problèmes, mais je pense que dans un monde problématique, le rôle de l'éducation doit consister à fournir des boussoles et des cartes. La boussole ne dicte pas de direction, elle polarise seulement l'espace pour que le voyageur puisse déterminer sa route. L'usage de la boussole s'impose dans un espace fluide pour lequel toutes les directions s'équivalent. Mais la boussole ne va pas sans cartes. La carte n'est pas non plus un outil contraignant. Elle n'impose pas de route. Elle ne fait que décrire les chemins existants, signale les montagnes et les précipices, trace les contours et les frontières, permet enfin d'identifier des points de repère. La carte est le condensé de l'expérience passée. Avec la boussole, nous sommes libres de donner une direction à notre vie, tandis que la carte renvoie au fait que nous ne sommes pas des commençants, que notre expérience peut s'appuyer sur l'expérience de l'humanité déposée dans les traditions, les institutions, la culture. Boussole et cartes sont les instruments de repérage d'un monde problématique. Ce sont également les outils de problématisation. La Boussole est pour moi la métaphore du processus de problématisation. Ce n'est pas le lieu d'entrer ici dans l'épistémologie de la problématisation[72], mais disons qu'il s'agit d'apprendre à questionner. Pour le domaine éducatif et plus largement pour le domaine éthique, cela se rapproche de ce qu'Aristote appelait la Prudence, cette vertu intellectuelle qui nous permet le choix du meilleur dans des situations problématiques et qui s'apparente aujourd'hui à notre principe de responsabilité. Pour moi, l'éducation intellectuelle et morale aujourd'hui doit viser la construction de cette boussole chez les jeunes. Toutefois nous savons bien qu'une boussole sans carte n'a donc aucun intérêt.

---

[71] ARENDT Hannah, *La crise de la culture*, Paris, Gallimard, 1972.

[72] FABRE Michel, *Philosophie et pédagogie du problème*, Paris, Vrin, 2009.

Pour illustrer cette articulation de la boussole et de la carte, en matière éducative, je prendrai le cas de la Carte du Tendre qui figure dans un roman de Madame de Scudery *Clélie, Histoire Romaine* (1650)[73]. La carte du Tendre entend schématiser l'éducation sentimentale du XVIIe siècle. Tendre est le nom du pays ainsi que de ses trois villes capitales : Tendre-sur-Inclination, Tendre-sur-Estime et Tendre-sur-Reconnaissance. Sur la carte on peut lire la problématique générale : aller de Nouvelle Amitié à l'un des villages de Tendre. Si l'on n'y va par Inclination, rien de plus facile, il suffit de se laisser porter par le fleuve : c'est la voie directe qui mène au but. Si l'on y va par Reconnaissance ou par Estime, c'est plus compliqué. Il faut respecter de nombreuses étapes qui sont autant de villages à traverser. Cette géographie sentimentale décrit également les lieux à risques : le lac d'indifférence, la mer dangereuse des passions, la mer d'inimitié et au loin, les terres inconnues. La carte prévient également les égarements. Si l'on prend trop à droite, le risque est de passer par Négligence, Tiédeur, Oubli, pour finir dans le lac d'Indifférence. Si l'on prend trop à gauche, on tombe d'Indiscrétion en Perfidie et en Méchanceté, puis dans la mer d'Inimitié.

La carte du Tendre se lit ainsi comme une problématique sur laquelle sont définis le cadre, les conditions et les données d'un type d'éducation ici, l'éducation sentimentale. Il n'y a pas de problématisation sans cadre. Le cadre c'est ici la conception de l'amour de la préciosité : tendresse et non amour-passion. On note trois conditions exclusives : la relation amoureuse peut être d'Inclination, de Reconnaissance, d'Estime. La carte fournit également des données à savoir : a) une catégorisation psychologique sous forme de lieux (fleuves, villes, villages, mers…) qui déterminent les états possibles du sentiment amoureux ; b) une catégorisation des itinéraires retraçant les devenirs possibles de ces états ; c) une catégorisation des dangers, des pièges et des obstacles.

La carte du Tendre constitue ainsi une médiation entre mon expérience singulière et la problématique générale de la

---

73 SCUDERY DE Madeleine, *Clélie, Histoire romaine*, Paris, Gallimard, 2006.

préciosité. Me situer sur la carte, c'est déployer une compétence herméneutique qui me permet d'être au clair sur mes sentiments et de déchiffrer ceux de l'autre, de savoir ce qui peut s'esquisser comme projet commun, comme chemin commun.

Je pense que la carte du Tendre fournit, depuis l'aube de la modernité, le paradigme de la carte éducative d'aujourd'hui[74]. Elle définit une normativité conditionnelle. Elle ne dit pas ce qu'il convient de faire, mais elle fixe un cadre et permet au sujet de se repérer, de choisir son chemin en connaissance de cause, bref d'inscrire sa problématique subjective sur l'horizon d'une problématique historiquement déterminée qui énonce ce qui vaut, ce qui importe, ce qui est significatif dans une culture déterminée.

On peut cependant facilement imaginer des situations où telle ou telle carte se trouve inadaptée au monde qui vient, voire totalement périmée. Dans ce cas, la transmission se trouverait en défaut, nous serions bien dans cette brèche qu'appréhendait Hannah Arendt[75]. Ce serait alors aux nouvelles générations de fabriquer leurs propres cartes. Mais pourraient-elles le faire à partir de rien et sans appui sur la culture transmise ?

Ce qui peut nous rendre relativement optimistes, c'est que notre héritage culturel n'est pas homogène. Pour rester dans la métaphore géographique, nous possédons une série de cartes particulières qui ne valent que pour telle ou telle région du monde, mais nous avons également construit des chorèmes qui permettent aussi bien de lire les cartes que d'en générer de nouvelles[76]. Les chorèmes sont des outils formels qui constituent la logique spatiale avec laquelle les géographes peuvent élaborer toutes sortes de cartes. L'équivalent des chorèmes, dans notre culture, ce sont les outils génériques (les langues, les mathématiques, la rhétorique…) et également les structures symboliques (les figures typiques de l'histoire et de la littérature, les

---

74 FABRE Michel, *Éduquer pour un monde problématique. La carte et la boussole*, Paris, PUF, 2011.

75 ARENDT Hannah, *La crise de la culture*, Paris, Gallimard, 1972.

76 BRUNET Roger, « La composition des modèles dans l'analyse spatiale », *L'Espace géographique* 4, 1980, p. 253-265.

mythes et les symboles religieux…). Outils formels et structures symboliques font office de méta-repères. L'étrangeté d'un paysage inconnu se laisse dire dans la langue déjà là et ses puissances poétiques. La relativité d'Albert Einstein, s'élabore dans la mathématique qui était déjà, partiellement au moins, celle d'Isaac Newton. Sigmund Freud ne peut comprendre les complexes relationnels qu'il découvre qu'à l'aide de Sophocle et de la légende d'Œdipe. Et moi-même, je ne peux développer les métaphores de la carte et de la boussole sans recourir au symbolisme de la Carte du Tendre, qui date de 1650 environ. Le feuilletage de la culture permet ainsi des chevauchements temporels, des ponts par-delà les brèches. Grâce à lui, il nous est possible de croire à la transmission dans un monde où le temps s'accélère. C'est d'ailleurs précisément cette accélération du temps qui rend plus que jamais nécessaire le souci d'un enseignement « libéral », axé sur les chorèmes ou les logiques fondamentales de l'expérience, qui n'étant pas focalisé sur une situation particulière, permettent l'adaptation à des situations nouvelles.

Conclusion

Je sens bien combien ce qui est exposé ici peut avoir d'insuffisant pour au moins deux raisons. D'abord j'ai parlé plus d'éducation que de formation. Mais la carte du Tendre n'est qu'un exemple particulièrement illustratif d'une problématique générale de l'expérience sur laquelle chacun peut à la fois construire son itinéraire et le rendre intelligible. Le triangle pédagogique de Jean Houssaye nous fournit un autre exemple de dialectique entre carte et itinéraire, sur le plan, cette fois, de la formation professionnelle des enseignants[77]. Le même déplacement de la normativité des solutions imposées aux cadrages problématiques s'impose pour la formation des enseignants et des éducateurs et probablement pour toute formation.

Il est insuffisant également parce qu'il reste bien en deçà de la foi qui peut être celle des chrétiens. Mais le schéma formel que

[77] HOUSSAYE Jean (dir), *La pédagogie, une encyclopédie pour aujourd'hui*, Paris, ESF, 1993.

j'esquisse, celui de la carte et de la boussole, peut se remplir d'un cadre et de conditions qui sont ceux de l'expérience chrétienne ou celle d'autres religions.

Le problème qui subsiste est alors de penser une sorte de super-cadre permettant la coexistence, le dialogue voire la confrontation de ces divers points de vue. Dans l'auto-questionnement qui caractérise le monde problématique, rien ne va plus de soi. Mais – comme nous l'avons vu – la problématisation n'est possible que par une dialectique de mise en question et de hors question. Il faut interpréter le hors question de trois points de vue. D'abord du point de vue épistémologique : douter de tout n'a aucun sens. On ne peut questionner qu'en s'appuyant sur du hors question, même provisoire. C'est vrai également du point de vue moral : l'auto-questionnement de la société suppose l'interdit de la violence qui seul peut ménager un espace de discussion. C'est vrai enfin du point de vue politique : le super-cadre de la problématisation, de l'auto-questionnement de la société, c'est précisément celui de la laïcité garantissant la liberté pour chaque individu et chaque communauté de penser d'élaborer à sa manière sa boussole et ses cartes. Reste à bien établir le référent commun, les valeurs minimales communes républicaines et humanistes, le hors question, qui rend possibles ces diverses problématisations dans un espace de confrontations tolérantes et à trouver les formes pédagogiques les plus propres à le transmettre.

Enseigner la théologie à « l'ère du vide »

Henri-Jérôme Gagey

Introduction

Quoique j'enseigne la théologie depuis trente ans, je n'ai jamais reçu de formation spécialisée en pédagogie ou en didactique puisque mes étudiants sont tous des « adultes faits ». Mais comme beaucoup d'universitaires, j'ai sans cesse eu à réfléchir à l'acte d'enseignement au moins en raison des réformes des programmes qui s'imposent à l'occasion. C'est l'une de ces réformes à laquelle j'ai été mêlé de près qui va fournir la matière de cet exposé. En effet, alors que je débutais dans mes tâches d'enseignement à la fin des années 1980, je me suis trouvé conduit à participer activement à la refonte des cursus de préparation à la licence canonique en théologie biblique et systématique à l'Institut Catholique de Paris.
Cette réforme n'était pas le fruit d'une bataille entre deux courants théologiques rivaux dont l'un aurait, enfin, pris le dessus sur l'autre pour faire triompher des orientations différentes. Elle était le résultat d'une prise de conscience plus pacifique : un programme qui avait parfaitement fonctionné pendant près de 20 ans avec une génération donnée d'étudiants ne convenait visiblement plus à leurs successeurs. Je vais commencer par décrire la première génération de ces étudiants et quel type de formation leur était donnée avant d'aborder ce qui caractérisait la suivante et qui nous obligeait à changer notre fusil d'épaule.

1. Malaise avec une tradition oppressante

Dans leur grande majorité, les étudiants qui préparent la licence canonique dans les années 1960-1980 appartiennent par toutes les fibres de leur être à la tradition catholique dans laquelle ils ont été plongés dès leur plus jeune âge. Le catholicisme est leur monde. Et voilà que la cohérence personnelle qu'ils en ont reçue commence à se fissurer sous l'influence de multiples facteurs dont « 1968 » désigne la conjonction explosive. Des évidences jusque-là indiscutées se défont, mises en question par la profonde transformation de la société résultant des « 30 glorieuses », de la généralisation des formations universitaires, de l'évolution des mœurs, du développement des sciences humaines alors en pleine effervescence etc. Je n'entre pas dans le détail et vais tout de suite au résultat.

La tradition catholique avait été leur tuteur, et voilà que, sous des formes et à des degrés divers, ils la découvrent comme un corset étouffant. Perdant son intelligibilité, close sur elle-même, elle semble désormais incapable de leur ouvrir un accès sensé à un réel en plein bouleversement. A cela correspond, dans le champ de la pastorale, le slogan qui appelle alors à relier « foi et vie », indiquant ainsi que l'effectivité de ce lien n'est plus perçue, ce qui entraine le grand exode qui a conduit tant de fidèles, laïcs, prêtres et religieuses, à prendre, pour certains avec fracas, pour d'autres dans le silence, leur distance avec la vie ecclésiale[78].

2. Aller au dur

Pour faire face à cette situation, Georges Kowalski et Henri de Lavalette, deux théologiens de l'Institut Catholique de Paris particulièrement inventifs et sensibles aux mutations culturelles en cours, mirent au point des programmes de formation dont l'orientation générale peut être décrite ainsi : on le sait, pour restaurer un bâtiment menacé de ruine il faut, sans scrupule, faire tomber tout ce qui branle pour « aller au dur », à ce qui tient et seul fournit un appui sûr pour une opération de reconstruction. Ils conçurent ainsi de manière audacieuse que la fragilisation de la tradition catholique appelait à une opération de même style. La tradition semblait former un ensemble de données disparates

[78] Cet « exode » est bien décrit alors par François ROUSTANG sj dans un fameux article « Le troisième homme », *Christus* 52 (octobre 1966), qui décrit l'itinéraire de nombreux chrétiens qui, ne se reconnaissant ni conservateurs ni réformistes, mais tout simplement non pratiquants et, à terme, indifférents, quittent alors l'Église en silence, ce qui sera son cas.

désormais impossibles à unifier. Au lieu de maintenir cet ensemble en l'état par un dispositif de cerclages et d'étais, il fallait aller au cœur, à l'articulation centrale à partir de laquelle la foi se révélerait à nouveau en prise avec le plus réel de l'existence. A partir de là il serait possible de découvrir à nouveau sa capacité à dire la signification de ce réel.
De manière fondamentale, il s'agissait de montrer que l'humain était caractérisé par une dimension d'excès par un profond mystère de liberté et d'amour qui résistait au réductionnisme des sciences dures et des raccourcis des maîtres du soupçon en quête de la « dernière instance » (l'économique, la libido, le pouvoir, les structures fondamentales de l'esprit humain etc.). Une fois cet excès mis en perspective (sous la forme de l'expérience transcendantale chère à Karl Rahner, du *Courage d'être* de Paul Tillich…) il ne restait plus qu'à montrer que c'était de cela même et de rien d'autre que s'occupait la foi chrétienne. Vous pouviez alors repartir pour un tour, à condition toutefois qu'un *aggiornamento* vigoureux dissipe quelques archaïsmes gênants en matière de présentation de la doctrine de la foi, de l'histoire de l'Église et de la morale chrétienne, de manière à lever le malentendu qui s'était établi entre foi chrétienne et culture moderne. Dans le fond à cette époque, la crise de la foi était encore vue comme la conséquence d'un « malentendu » qu'il ne devrait pas être trop difficile de lever, à quoi, sur le terrain de la pastorale, s'employait, au début avec de beaux succès, l'Action catholique et ses multiples variantes.
Voilà pourquoi durant ma formation je n'ai eu pratiquement que des enseignements de théologie fondamentale. L'exposition détaillée du développement des dogmes importait moins à nos enseignants d'alors que la recherche du point de contact, de l'articulation décisive entre expérience humaine et expérience chrétienne qui constituait la grande affaire en théologie comme en pastorale[79].
Cette orientation pédagogique a, dans l'ensemble et non sans tensions, porté de beaux fruits. Ce qui la rendait possible, c'est

---

[79] J'ai présenté plus largement cet aspect des choses dans un article d'hommage à Antoine Delzant : « 'Quel professeur il fut pour moi ?' Antoine Delzant ou le risque de croire », *Les cahiers d'ALETHE*, n° 2015 (janvier 2015), p. 35-43.

que l'éducation de cette génération (en matière de foi, mais aussi de culture et de morale en général) n'avait pas encore été affectée en profondeur par la crise anthropologique sans précédent qui alors ne faisait que s'annoncer, mais qui a aujourd'hui submergé le monde occidental et tend à gagner le monde entier[80]. Ils pouvaient donc encore s'appuyer sur la formation humaine et chrétienne consistante reçue pendant leur enfance.

3. La tradition en fragments

Le climat a commencé à changer avec l'arrivée de plus en plus massive d'étudiants qui *n'*étaient *pas* profondément enracinés dans la tradition parce que leur initiation chrétienne avait eu lieu non pas au temps où la crise ne faisait encore que s'annoncer, mais alors qu'elle battait son plein ! Pour eux, la tradition ne se présentait pas comme un corset qu'il fallait relâcher pour pouvoir respirer, mais, pour reprendre l'image de Alasdair MacIntyre au début de *After Virtue*[81], en fragments. S'ils étaient là, bien sûr, c'est que l'un de ces fragments s'était imposé à eux comme un point d'incandescence. Pour les uns, la découverte du thomisme ou des Pères, pour d'autres une lecture enthousiasmante des Écritures dans des groupes bibliques quasi fondamentaliste, l'expérience de la liturgie dans une communauté monastique ou encore celle de la prière dans un groupe charismatique chaud, étaient leurs points de référence essentiels. Ils ne pouvaient que s'y accrocher de toutes leurs forces au risque de les confondre avec le tout de la tradition. S'ils étouffaient, ce n'était pas d'être oppressés par une tradition trop lourde, mais parce que l'oxygène s'était raréfié.

Il fallait réagir ! Ce qui a été fait. Sous la conduite de Georges Kowalski (l'un des inspirateurs de la pédagogie critique qui régnait jusque-là alors que Henri de Lavalette était décédé) et de Joseph Doré, alors Doyen de la Faculté, nous avons entrepris de

---

80 Voir sur ce point *Trouble dans la définition de l'humain*, *Transversalités, Revue de l'Institut Catholique de Paris, supplément*, n° 1, décembre 2013, publié par le Groupe de recherche en anthropologie chrétienne de l'Institut Catholique de Paris.

81 Alasdair MACINTYRE, *Après la vertu : étude de théorie morale. Traduit par L. Bury*, Paris, PUF, 1997.

« re-scolariser » nos cursus. Les mots d'ordre qui nous mobilisaient étaient alors les suivants : « On ne réfléchit personnellement qu'à partir de ce que l'on a appris et compris ». Si les « contenus » fondamentaux sont en place, comme c'était encore le cas pour la génération antérieure, la réflexion critique a une matière sur laquelle s'exercer. Dans le cas contraire, elle tourne à vide.

Cette entreprise de « re-scolarisation » menée avec détermination était nécessaire. Elle a été utile. Pourtant elle ne résolvait que partiellement notre problème dans la mesure où elle était encore portée par l'idée qu'être formé, avoir atteint la maturité, ce serait disposer d'un stock d'informations suffisant pour aller y puiser des réponses toutes faites, aux questions que l'on affronte comme on va chercher des bouteilles dans une cave bien achalandée ou comme on enfonce de profondes racines dans un riche terreau. Or, cette image de la tradition comme « stock » ou comme sol est illusoire, comme l'avait expressément formulé Hans-Urs von Balthasar

> *« La Révélation de Dieu ne se laisse jamais, non, jamais, mettre en bouteille et conserver en cave ». Les réponses qu'on va prendre en magasin, ajoute-t-il « ne sont nullement appropriées aux questions très précises d'aujourd'hui (...) l'histoire du monde continue à avancer inexorablement malgré la tradition ecclésiastique et le magistère infaillible ». C'est pourquoi, conclut-il, « toute la tradition doit toujours être fondue dans le moment historique et formée à nouveau pour y correspondre*[82] ».

4. La tradition ne donne pas de réponses

S'il faut devenir familier des grands maîtres et de leurs œuvres ce n'est pas parce qu'ils auraient, en réserve, les réponses à nos questions. Ces réponses ils ne les ont pas, parce que *nos* questions les plus fondamentales et donc les plus urgentes ils ne se les posaient pas ! Ne demandez pas à Augustin ou Thomas des éclaircissements sur les problèmes que pose la déchristianisation

---

[82] Hans-Urs VON BALTHASAR, *Qui est chrétien ? Traduction par R. Virrion*, Mulhouse, Salvator, 1698 (original 1967), p. 43.

dans un monde sécularisé, les rapports entre sciences et foi, l'exigence de faire une théologie de la libération ou la place à donner aux nouveaux « agents pastoraux » ! Ces questions sont les nôtres, en fonction de notre contexte historique sans rapport *direct* avec celles qu'affrontait l'Église de leur temps.
La prise de conscience de l'historicité de la culture et de la pensée nous prive de l'illusion d'une contemporanéité immédiate avec nos prédécesseurs. S'il faut les lire, les comprendre et les méditer, ce n'est pas pour nous approprier le *contenu* des réponses qu'ils ont apportées à leur problème, mais pour déchiffrer le *geste* qu'ils ont posé en vue de faire face aux questions inédites qu'ils affrontaient, après quoi il nous reste à prendre à notre tour la responsabilité des problèmes inédits qui se posent aujourd'hui à nous.

5. Où est le problème ?

Personnellement, je tiens que dans la formation des acteurs pastoraux l'identification de *leur* problème est le premier pas décisif. Mais ce premier pas, toujours à refaire d'ailleurs, est difficile à négocier. Je précise ce point à partir de ma participation à la formation des diacres permanents en Île-de-France. Comme travail personnel entre les sessions, au lieu de leur suggérer de poursuivre par de bonnes lectures supplémentaires la réflexion que j'avais initiée devant eux, j'en suis venu à leur demander de préparer la séance suivante en rédigeant une note exposant, à propos du thème qui était à l'ordre du jour :

- Quelles étaient leurs convictions indéracinables ;
- en quoi ces convictions leur étaient difficiles à tenir et à soutenir.

Autrement dit :

- Vous êtes des croyants et notre parcours part de là ! Alors rendez-en compte, assumez *votre* position.
- Cependant, vous n'êtes pas des huîtres fermées, vous savez que vos convictions sont problématiques. Alors justement, « quel est votre problème » avec vos convictions ? Quelles difficultés vous posent-elles ?

Avantage de cette approche : dans mon intervention je suis le guérisseur et pas le microbe ! Je ne suis pas celui qui sape leur base, en leur infligeant, comme une punition, la description des difficultés que posent telles affirmations ou pratiques de la foi. Je suis au contraire celui devant qui ils peuvent reconnaître que leurs bases sont précaires. Et du coup ils prennent une attitude d'attente positive par rapport à ce que je m'apprête à leur dire. Par là même, le rapport à la tradition théologique et à ses maîtres se trouve clarifié : on ne leur demande plus d'apporter des réponses toutes faites aux problèmes d'aujourd'hui, mais on essaie de déchiffrer à quels problèmes ils s'affrontaient eux-mêmes et quelles ressources ils ont mobilisées pour y répondre. Le présupposé de cette démarche c'est que si l'acte théologique est un acte « critique » ; sa dimension critique se déploie selon une visée clairement « clinique ». Démarche clinique, cela veut dire, selon une formule que je dois à Xavier Thévenot, « faire fond sur la part saine du sujet. » Ou encore « poser un acte de confiance fondamental dans ses ressources de vie »[83]. Sur cette base on peut identifier de manière libératrice les facteurs bloquants pour considérer comment, par la mobilisation de quelles ressources et au prix de quelles conversions, nos pères dans la foi les ont écartés et comment, à leur suite, nous pouvons faire de même.

83 Henri-Jérôme GAGEY, « Xavier Thévenot et la question de la différence chrétienne », in Geneviève Médevielle et Joseph Doré (éd.), *Une Parole pour la Vie, Mélanges offerts Xavier Thévenot*, Cerf, Paris, 1998, p. 257-276.

6. L'ère du vide

Mais revenons aux étudiants au bénéfice desquels nous avions entrepris avec un succès partiel de re-scolariser notre formation et demandons-nous « au fait, quel était leur problème ? »
Je l'ai dit, alors que les étudiants « soixante-huitards » pouvaient encore s'appuyer sur la formation humaine et chrétienne consistante reçue dans l'enfance, la nouvelle génération avait pris en pleine figure les effets de la crise anthropologique sans précédent qui est en train de submerger le monde entier. Cette crise, on peut la qualifier de « postmoderne » en un sens que je vais préciser en définissant à ma façon la fameuse triade tradition/modernité/postmodernité aujourd'hui largement reçue dans le monde anglo-saxon, même si elle rencontre quelques résistances dans la tradition française[84].

- *Tradition* : L'existence humaine se présente comme un arbre qui plonge dans le sol de puissantes racines et peut s'élever haut vers le ciel ! L'axe symbolique est celui de la verticale dans une époque de stabilité où l'on se déplace lentement, quand on se déplace. Le véhicule typique de l'âge de la tradition est le char à bœufs avec sa sage lenteur.
- *Modernité* : l'esprit critique met tout en question, tout en mouvement et dote les humains d'outils puissants, lourds et rapides. L'axe dominant est celui de la flèche temporelle orientée vers le futur. Le véhicule typique de l'époque moderne c'est le train ou l'avion : ils sont lourds, vont très vite et droit au but.
- *Postmodernité* : c'est le moment (variable, je peux être moderne sur certains plans et postmoderne sur d'autres) où la victoire du principe critique moderne est totale (1968 !). Il n'y plus d'axe. C'est l'époque du manque de point de repère où personne ne peut dire avec une autorité indiscutable « c'est comme ça et ce n'est pas autrement ! » C'est l'ère de la précarité où ce qui compte c'est de

84 Voir Henri-Jérôme GAGEY, « Xavier Thévenot et la question de la différence chrétienne », in Geneviève Médevielle et Joseph Doré (éd.), *Une Parole pour la Vie, Mélanges offerts Xavier Thévenot*, Cerf, Paris, 1998, p. 257-276.

> maintenir les équilibres par une série de prises d'appuis furtives. Les véhicules typiques de l'époque postmoderne sont ceux des sports de glisse : skate, snowboard, deltaplane, kite-surf etc. Entre deux prises d'appuis rapides peuvent être exécutées des figures époustouflantes, pourvu que l'on contrôle les équilibres. La postmodernité c'est la fin de l'enracinement et de la stabilité ! C'est l'ère du réseau, du flux, de la mobilité nomade et sans orient, bref : du précaire.

En matière de théologie cela a des effets terribles. En particulier, mais à grands traits, c'est l'époque où sont fondamentalement disqualifiées les grandes synthèses qui prétendent à l'éternité, les vérités définitives qui devraient s'imposer à tous, les autorités qui prétendent se faire obéir au simple titre de leur statut institutionnel en se dispensant de l'épreuve de l'argumentation. Face à cela deux attitudes sont possibles :
a) ou bien on rêve d'un retour nostalgique à l'époque de l'enracinement dans « la terre qui ne ment pas ». C'est une illusion. Nul ne renoncera à l'esprit critique et à tout ce qu'il nous a apporté. On peut bien rêver d'y faire renoncer les autres dans l'espoir de mieux les contrôler. Mais pour son propre compte, jamais !
b) Ou bien, on fait jouer les harmoniques entre la condition de l'homme postmoderne, d'une part, et la tradition biblique et théologique, de l'autre, afin de manifester les ressources que nous prodigue la foi vécue pour nous permettre de garder les équilibres dans ce monde devenu tellement mouvant[85].

7. Comment vivre à l'ère du vide ?

Dans la crise culturelle contemporaine, nous voudrions retrouver notre stabilité et avoir du « dur » sous les pieds. La tradition biblique décrit les choses autrement. Elle pose que nous n'avons d'autres points d'appui que l'Esprit et la Parole. C'est en effet par sa Parole que Dieu créa le ciel et la terre et tout ce qu'ils contiennent. C'est sur Parole qu'Abraham quitta son pays et la

---

85 J'ai développé ce point plus largement dans *Les Ressources de la foi*, Salvator, Paris, 2015, p. 191-256.

maison de son père. C'est sur Parole (« va libérer mon peuple, va je t'envoie ») que Moïse fit quitter la terre d'Égypte aux hébreux et ainsi de suite pendant des générations.

A l'individu postmoderne (et nous sommes tous des individus postmodernes !) qui s'inquiète de n'avoir pas de patrie il faut montrer l'intelligence de la description biblique du croyant comme un exilé, ce qui peut se dire en paraphrasant St Paul ou en reprenant les termes de la *Lettre à Diognète* : « Vous voulez vivre ? Alors vivez dans une patrie comme si vous n'en aviez pas. »

A l'individu postmoderne qui s'inquiète de n'avoir pas de sol ferme sous les pieds, il faut raconter comment Pierre s'élança sur la masse fluide des flots en réponse à l'invitation de son maître. Sans oublier le mot de la fin : « Homme de peu de foi pourquoi as-tu douté ? » Je le dis en d'autres mots, « il faut y croire pour vivre » et la foi chrétienne est donnée pour cela.

A l'individu postmoderne saisi par l'angoisse de manquer et d'être voué à la précarité, il faut découvrir l'intelligence des Béatitudes qui annoncent qu'on peut vivre dans la précarité (« Heureux les pauvres » Matthieu 5,3, mais tout autant « regardez les lys des champs […] » Matthieu 6,28 ou encore « Marthe, Marthe, tu te donnes du souci et tu t'agites pour bien des choses » Luc 10,41) et que ce qui tue, au contraire, c'est de la refuser avec entêtement en se lançant à la recherche désespérée du point fixe qui rend invulnérable (« Mais, pour le fruit de l'arbre qui est au milieu du jardin […] le jour où vous en mangerez, vos yeux s'ouvriront, et vous serez comme des dieux, connaissant le bien et le mal. » Genèse 3,3-5).

Autrement dit, être sans racine n'est plus une malédiction pour qui découvre que « son rocher c'est le Seigneur » *et* que « le Seigneur est Esprit ». Si l'on se place dans cette perspective, enseigner la théologie ce n'est pas « défendre » la tradition comme un répertoire de vérités à tenir envers et contre tout, mais c'est la penser comme la tradition d'un savoir-vivre « mystique » à l'épreuve du vide.

Conclusion

Dans les débats qui occupent l'Église et ses théologiens aujourd'hui la question de l'évangélisation est souvent posée comme celle de parvenir à *les* intéresser à Dieu et aux questions ultimes en plus et par-delà tout ce qui *les* préoccupe légitimement déjà : réussir l'éducation des enfants, s'épanouir dans son couple, « comment voter dimanche prochain ? » et, bien sûr, « qu'est-ce qu'il y a à la Télé ce soir ? ». La question est alors mal posée et c'est pour cette raison qu'elle obtient rarement une réponse satisfaisante. Elle me semble l'être mieux si l'on envisage l'existence chrétienne dans ses événements les plus fondamentaux (écoute de la Parole et liturgie) comme une « école de vie », c'est-à-dire 1) comme la révélation de la vérité de la Vie telle que l'exposent le Sermon sur la montagne et l'entière existence de Jésus et 2) comme l'appel à y consentir en surmontant les refus que nous lui opposons sans cesse.

Cela peut se dire en parabole : Il en va de l'entrée dans le Royaume comme de la dégustation du bon vin ou de l'enchantement que suscite une grande pièce de musique ou un tableau de maître : nul n'en goûtera jamais les qualités s'il n'apprend les postures et les gestes qui disposent à leur accueil, les mots qui permettent de les décrire et de les apprécier et s'il ne prend le temps de se laisser submerger par elles.

Ou encore, il en va du Royaume des cieux comme de l'oiseau. Qu'il replie ses ailes, il tombe comme une pierre. Qu'il les ouvre, il vole en trouvant son appui sur l'air qu'il ne voyait pas. Le vide qui l'aspirait le porte. De même, quand à l'écoute de la Parole le disciple postmoderne fasciné par l'ère du vide s'exerce à ouvrir ses bras, comme Jésus sur la croix, il se découvre porté par l'Esprit.

C'est de cela que le merveilleux film *Des Hommes et des Dieux* constitue l'illustration exemplaire. Sans être des catholiques convaincus, son scénariste et son réalisateur ont compris et donné à voir la trajectoire selon laquelle la Parole chantée pendant la liturgie, scrutée avec attention dans la bibliothèque, méditée personnellement durant l'oraison, finissait par se configurer des lecteurs récalcitrants. Sans doute une des meilleures catéchèses contemporaines pour donner à comprendre l'expression

« l'Écriture s'accomplit » en racontant comment l'Écriture a travaillé la chair de ces hommes en venant à bout de leurs résistances et de leurs fermetures, en sorte que leur histoire s'est laissé configurer à celle de leur Seigneur.
Sur cette ligne la formation théologique des acteurs pastoraux a pour première visée de faire découvrir l'Écriture, la liturgie et les autres médiations objectives de la foi comme des ressources pour vivre. Mais cet apprentissage n'en épuise pas la mission. En effet, comme toute l'histoire de l'Église le montre assez, il est presque inévitable que les médiations objectives de la foi soit mésinterprétées, détournées abusivement de leur fin, mises au service du mensonge ou réduites à l'insignifiance. Ici la théologie est sollicitée sur son versant critique ou, mieux, « clinique » où, pour le dire dans les mots de Xavier Thévenot, il s'agit pour elle de discerner une référence « idolâtrique » d'un attachement « iconique » à la tradition.

Deuxième partie

Former des adultes pour un style évangélique

Enjeux spirituels de la formation chrétienne des adultes contemporains

Catherine Chevalier

Introduction

Ré-explorer le lien entre formation et conversion, tel est mon objectif qui explique le titre « Enjeux spirituels de la formation chrétienne des adultes contemporains ». A travers ce titre, le projet est de travailler sur le lien à développer aujourd'hui entre la formation chrétienne des adultes et l'expérience croyante subjective.

Le choix des organisateurs de ce colloque d'aborder cette question difficile est audacieux, car il y a toujours un risque à viser la conversion des personnes. Risque d'emprise sur les personnes, risque de mise en cause des institutions par les personnes qui se convertissent, risque aussi de repli sur une conversion seulement personnelle… Et pourtant, l'appel à la conversion traverse l'Evangile, et comme formateurs, il nous est impossible de nous dérober à ce questionnement.

Ces risques seront abordés à travers une relecture de différents modèles de formation chrétienne qui se sont succédé au cours des dernières décennies dans nos contextes francophones, parce que nous avons toujours à apprendre de l'histoire. Avec le recul, on peut dire que la formation a toujours cherché cette articulation avec la conversion, mais avec des différences d'accents ; il en est résulté à chaque fois des atouts et des limites particulières. Ce parcours nous conduira à pointer les défis à relever aujourd'hui dans cette articulation.

Mon objectif est de revenir sur quelques modèles-types pour en dégager des enseignements pour nous. La perspective critique adoptée a pour but de nous aider à répondre aux besoins d'aujourd'hui. Car ces modèles ont chacun leur pertinence, ils ont répondu et peuvent encore répondre à des nécessités ecclésiales et sociales.

1. Revitaliser le contenu de la foi

Les années pré- et post-conciliaires sont marquées par un grand investissement dans la formation tout d'abord des catéchistes, puis plus largement des adultes. Les formateurs sont animés par un souci de « revitaliser le contenu de la foi ». En effet, dans les siècles qui ont suivi le Concile de Trente, l'attention catéchétique s'était centrée sur les contenus de la foi jusqu'à conduire à une « hypertrophie intellectuelle » dont le catéchisme des questions-réponses était devenu le symbole[86]. Avec la sécularisation progressive de la société, ces contenus ne sont plus soutenus par une expérience de foi qui leur donne sens. Dès lors, à partir de la fin des années soixante, dans la mouvance de la remise en question des structures héritées de mai 68, la réflexion catéchétique et celle des formateurs va investir le champ de l'expérience, en faisant confiance aux sciences humaines.

Quelle est alors la conversion recherchée ? La finalité est de former à la prise de responsabilité dans une perspective critique et en vue d'une transformation sociale et ecclésiale. Le recours aux sciences humaines a pour finalité de développer des compétences d'animation, d'ouvrir les yeux sur les mécanismes sociaux et psychologiques pour laisser l'Evangile déployer sa force transformatrice[87]. C'est l'époque de l'analyse institutionnelle, des modèles génétiques du développement lié aux âges de la vie… C'est la dimension prophétique de l'Evangile qui est mise en avant, en vue de rejoindre l'expérience humaine et au service de l'inculturation du langage de la foi.

Au fil des années 80 et 90, les évolutions ecclésiales et sociales vont questionner ce modèle, en particulier sur deux plans.

---

[86] Joël MOLINARIO, *Le catéchisme, une invention moderne. De Luther à Benoît* XVI, Paris, Bayard, 2013, p. 130.

[87] Cf. « Les "Entretiens Vavin" sur la formation », dans *Catéchèse*, 74 (1979/1), p. 67-79.

Certains questionnent le mythe du progrès qui anime ces orientations et leur vision très idéalisée de l'homme, typique de la modernité occidentale[88]. Le souci du savoir-faire et de l'analyse qui caractérise ce modèle a parfois conduit à faire passer au second plan ce qui fait le cœur de la foi[89]. Or la perte d'évidence sociale du christianisme aiguise alors le besoin de repères chez les croyants. Ce modèle qui misait sur l'ouverture supposait acquise la connaissance des repères essentiels de la foi chrétienne. Mais on peut de moins en moins s'appuyer sur un tel présupposé. Cette perte des repères est conjuguée avec une fragilisation des sujets qu'il faut prendre en compte dans les démarches de formation.

2. En dialogue avec l'Ecriture et la tradition

D'autres modèles se sont entretemps développés. Robert Moldo, spécialiste de la formation chrétienne des adultes, estime en 1993 que les modèles qui ont le plus « le vent en poupe » sont alors ceux qui mettent l'accent sur la formation doctrinale ou spirituelle[90]. Ces projets visent également la conversion des destinataires, mais à travers d'autres accents. Le jésuite belge Albert Chapelle donne pour visée à la formation de permettre l'intégration sacramentelle des baptisés au corps du Christ – plutôt que l'acquisition de compétences ; cela qui le conduit à mettre l'accent sur la communion. La formation théologique est le moyen essentiel préconisé pour atteindre cette visée, parce que l'adhésion croyante qu'elle entraîne construit intérieurement le corps ecclésial[91].
Les projets qui s'inscrivent dans cette orientation vont proposer trois points d'appui aux démarches de formation : vivre la

---

88 Gilles ROUTHIER ET Marc PELCHAT, « Etapes de la vie adulte et cheminements de foi » in Gilles ROUTHIER (dir.), *L'éducation de la foi des adultes. L'expérience du Québec*, Montréal, Médiaspaul, 1996, p. 309.

89 Jacques AUDINET, « Pratique, formation, savoir », *Catéchèse* 107/2 (1987), p. 143.

90 Robert MOLDO, « Les formations de laïcs dans l'Eglise de France entre 1970 et 1990 », *Revue des sciences religieuses* 67/3 (1993), p. 93-104.

91 Albert CHAPELLE, « La formation théologique du peuple de Dieu », *NRT* 107 (1985), p. 187-197.

formation comme une démarche d'écoute de l'Ecriture et de la tradition de l'Eglise ; vivre une expérience ecclésiale forte qui soutient la démarche de formation ; proposer un soutien spirituel aux destinataires des formations (week-end de retraite annuel, recommandation d'avoir un accompagnement spirituel…).

De telles orientations répondent au besoin de repères précédemment évoqué et permettent aux destinataires de mûrir comme croyant. L'encadrement ecclésial et spirituel proposé soutient les étudiants dans cette démarche exigeante et par moment déstabilisante. Cependant, il y a certains risques. L'attachement à la dimension doctrinale de la foi peut conduire à mettre la barre très haut sur le plan théologique, laissant peu d'espace pour l'intégration existentielle de ces contenus. Par ailleurs, l'encadrement ecclésial et spirituel qui soutient les étudiants court le risque d'être conditionnant ; cela entraîne parfois l'adoption de positions normatives trop peu intégrées dans le cheminement croyant des personnes.

3. Proposition de la foi et échanges intersubjectifs

Le modèle qui vient d'être présenté est en bonne partie le fruit d'une réaction contre le précédent : cela explique qu'il ait cherché à pallier certains déficits en revalorisant le donné de la révélation et le caractère sacramentel de l'expérience ecclésiale. Les prises de position sont jusque-là relativement polarisées. A partir des années 1990 et surtout des années 2000, ce qui surprend quand on lit la littérature sur la formation, c'est l'impression d'éclatement dans les orientations proposées pour la formation chrétienne. Les formateurs prennent conscience que les paramètres ont changé et ils rendent compte de leur manière d'en tenir compte dans leurs propositions de formation. Les propos qui suivent parcourent tout d'abord quelques grandes avenues qui se dégagent de leur réflexion, en s'appuyant en particulier sur les orientations proposées par Denis Villepelet, ancien directeur de l'ISPC[92], dont les apports sont éclairants pour discerner les changements en cours. Sur cette base, nous verrons comment articuler aujourd'hui formation et conversion.

---

[92] Institut Supérieur de Pastorale Catéchétique (Institut Catholique de Paris).

3.1 Prendre en compte les besoins des sujets

La perte d'évidence sociale du christianisme s'accentue et l'éclatement des références conduit différents formateurs à attirer l'attention sur les besoins des sujets qui sont de plus en plus confrontés à eux-mêmes pour se construire[93]. Certains formateurs attirent l'attention sur la nécessité de prendre en compte ce besoin des sujets et invitent à faire appel à la subjectivité des destinataires, à ce qui les meut intérieurement[94]. Denis Villepelet propose de regarder autrement ce qu'on appelle parfois l'individualisme ou le narcissisme contemporain : les sujets n'ont pas le choix, ils n'ont pas d'autre appui qu'eux-mêmes pour aller de l'avant. Devant cette fragilisation des sujets, il considère le « devenir chrétien » comme une des communications qui construit l'identité des sujets : l'appel à « rentrer en soi-même dans les profondeurs de son intériorité » est un chemin qui permet la subjectivation, parce qu'il ouvre à la découverte de Dieu ; l'échange avec d'autres permet de parer à l'impasse du repli sur soi[95].

3.2 Expérience croyante et donné de la foi

On voit émerger une attention renouvelée à l'objectivité de la foi. La *Lettre aux catholiques de France* et son titre *Proposer la foi* est une belle expression de ce regain d'intérêt. Certains plaident pour rendre ce contenu de la foi plus visible dans les démarches catéchétiques à travers des médiations liturgiques en s'inspirant du catéchuménat[96]. On rend compte de catéchèses d'adultes

93 GROUPE DE RECHERCHE DE L'IPR, « Les nouveaux publics en formation. 25 ans après les Entretiens Vavin », *Revue de sciences religieuses* 79/3 (2005), p. 308.

94 Christian PICARD, « Une personne se constitue par les débats, par les contradictions » et Blaise OLLIVIER, « Dire les choses telles qu'on les entend et s'écouter librement », *Catéchèse* 162/1 (2001), p. 83-87 et 89-93.

95 Denis VILLEPELET, « Comment favoriser aujourd'hui la reconnaissance de soi et le sentiment d'appartenance à la communauté chrétienne », *Lumen Vitae* 56/1 (2001), p. 20-27.

96 Roland LACROIX, « Prendre au sérieux la démarche des recommençants », *Lumen Vitae* 63/4 (2008), p. 429.

orientées successivement vers le Fils, l'Esprit Saint puis le Père dans le cadre de la préparation au Jubilé de l'an 2000[97]. Denis Villepelet invite à « réexaminer les relations que la catéchétique a noué entre la « *fides quæ* » – le donné de la foi – « et la *fides qua* » – l'expérience croyante[98]. Il propose de faire du donné de la foi le milieu source qui nourrit l'expérience croyante : c'est grâce aux apports de la tradition liturgique et théologique, grâce aux expériences de fraternité ecclésiale que le sujet peut se construire et grandir dans la foi.

Eric Boone, dans l'ouvrage sur le diocèse de Poitiers, va dans le même sens : il estime essentielle la médiation des apports théologiques et considère qu'il faut penser la formation « en termes d'initiation à la tradition de l'Eglise ». Il invite à « aller au cœur du mystère de la foi » et à enseigner « à ordonner toute question au mystère pascal ». Tous les déploiements du mystère chrétien sont à articuler à ce cœur selon une « hiérarchie des vérités »[99].

3.3 L'appartenance ecclésiale

Sous l'angle du rapport à l'Église, la réflexion des formateurs laisse apparaître un certain contraste. Certains invitent à relier formation spirituelle et « identité ecclésiale », ils plaident pour que les formations soient au service de la communion, ils soulignent l'importance de préparer à une collaboration loyale des acteurs laïcs avec les prêtres[100] : on perçoit derrière ces insistances une certaine inquiétude en ce qui concerne la

---

97 Robert HESSE, « Vivre, croire et répondre », *Catéchèse* 155/2 (1999), p. 38-40.

98 Denis VILLEPELET, « Comment favoriser aujourd'hui la reconnaissance de soi », p. 20-27.

99 Eric BOONE, « L'enjeu de la formation pour la construction des communautés locales » in Albert ROUET, Gisèle BULTEAU, Jean-Paul RUSSEIL (et al), *Un nouveau visage d'Eglise : l'expérience des communautés locales à Poitiers*, Paris, Bayard, 2005, p. 165-193.

100 Joseph DORÉ & Maurice VIDAL (dir.), *Des ministres pour l'Eglise*, Paris, Cerf, 2001, pp. 236-237 ; André DUPLEIX, « Pour une formation spirituelle » in Henri DERROITTE & Danielle PALMYRE (dir.), *Les nouveaux catéchistes. Leur formation, leurs compétences, leur mission*, Bruxelles, Lumen Vitae, 2008, p. 159-160.

cohésion ecclésiale. D'autres soulignent que la recherche spirituelle de beaucoup est d'abord l'expression d'une quête personnelle de points d'appui pour se construire plutôt que la manifestation d'une volonté d'appartenance institutionnelle[101]. Les récits de pratiques de formation ouvrent une autre perspective : ils laissent entrevoir que les démarches de formation, quand elles font place à l'échange, contribuent à renforcer le sentiment d'appartenance ecclésiale[102]. Ce constat peut être rapproché des propositions de Denis Villepelet qui mise sur l'échange avec d'autres pour parer à l'impasse du repli sur soi. Ces échanges offrent un espace qui permet de se construire comme sujet ; ils sont aussi une initiation à la fraternité qui fait grandir le sentiment d'appartenance à la communauté chrétienne[103]. De la même façon, le théologien promeut la mise sur pied d'échanges pour permettre à chacun d'explorer intérieurement son rapport à la vie ecclésiale et à ces transformations[104]. Ces espaces d'échanges permettent aux sujets fragilisés par les changements socioculturels d'explorer leur intériorité et, indirectement, de construire des liens de fraternité qui tissent la solidarité ecclésiale. En ce sens, la dimension ecclésiale est mise au service des sujets.

---

101 Jean-Pierre BOUTINET, « Perspectives autour de l'adulte en catéchèse », *Catéchèse* 162/1 (2001), p. 92 ; Joël MOLINARIO, « Vous avez dit adultes », *Catéchèse* 162/1 (2001/1), p. 32 ; Roland LACROIX, « Prendre au sérieux la démarche des recommençants », *Lumen Vitae* 63/4 (2008), p. 433.

102 François-Xavier AMHERDT, « La formation des catéchistes et des animateurs pastoraux : priorité pour l'Église contemporaine. La formation au sens ecclésial : l'Église "toujours recommencée" » in Henri DERROITTE & Danielle PALMYRE (dir.), *Les nouveaux catéchistes*, p. 103-104, 112-113 ; Catherine SOUBLIN, « Un parcours diocésain de formation pour laïcs en responsabilité » in Ambroise BINZ, Robert MOLDO & Alain-Louis ROY (et al), *Former des adultes en Eglise. Etat des lieux, aspects théoriques et pratiques. Hommage à Gilbert Adler*, Saint-Maurice, Editions Saint Augustin, 2000, p. 283-289.

103 Denis VILLEPELET, « Comment favoriser aujourd'hui la reconnaissance de soi », p. 24-27.

104 Denis VILLEPELET, « Apprendre la différence et le partenariat », *La Maison-Dieu* 215/3 (1998), p. 111-124.

4. Articuler formation et conversion dans ce contexte

Ce passage en revue du questionnement des formateurs donne des pistes pour articuler formation et conversion d'une façon qui soit féconde pour nos contemporains. Je retiens de ce qui précède trois points d'appui qu'il importe avant tout de conjuguer.

a) Les démarches de formation gagneront à prendre en compte le besoin de construction des sujets. Il faut rencontrer la quête de sens, la quête d'identité des destinataires des formations. On ne peut se contenter de présenter des savoirs, il faut rejoindre les personnes dans leur quête existentielle. C'est une bonne nouvelle pour l'articulation entre formation et conversion, parce que cela oblige à toujours se demander comment rejoindre le cœur des gens, ce qui fait leur préoccupation quotidienne[105]. Mais c'est un fameux défi pour les formateurs, parce que nous avons été habitués, en particulier par la théologie universitaire, à présenter les choses selon une logique plus rationnelle qu'existentielle.

b) Cette prise en compte de la quête d'identité des personnes doit aller de pair avec « la proposition de la foi ». Dans ce monde incertain, l'offre que Dieu nous fait, son accueil inconditionnel de qui nous sommes, l'horizon de sens infini que sa présence donne à nos vies… sont autant d'éléments qui peuvent répondre à la quête de sens et d'intériorité de nos contemporains, et c'est une première raison pour laquelle présenter la foi dans son mystère est un enjeu pour l'articulation entre formation et conversion. Une deuxième raison qui justifie cette option est que, comme formateurs, nous sommes confrontés à un public dont la formation doctrinale est peu assurée et très inégale, car il évolue dans un monde où les références chrétiennes ne vont plus de soi. Il importe donc de structurer et de déployer l'expérience croyante autour de ce qui en fait le cœur, et d'en faire progressivement découvrir tous les

---

105 Cf. Enzo BIEMMI, *La seconde annonce. La grâce de recommencer*, *Pédagogie catéchétique* 29, Bruxelles, Lumen Vitae, 2013, p. 102-104.

trésors. Cet élargissement progressif autour du cœur de la foi met les destinataires dans une dynamique de conversion permanente.

Cependant pour être pertinente, il faut que cette « proposition de la foi » soit en permanence mise en relation avec l'expérience. Car dans ce contexte où la foi chrétienne n'est plus partagée, l'expérience croyante est également peu assurée. Rien ne peut plus être présupposé, ni la connaissance des mots de la foi ni ce que celle-ci engage comme expérience. D'où la nécessité de déployer une approche que j'appelle « relationnelle » de la formation théologique : il s'agit de faire résonner les enjeux pour la vie de foi des apports doctrinaux. Cela demande que les contenus de la foi soient présentés de telle manière qu'ils permettent « une entrée en relation » avec le mystère de la foi. Cela peut se faire de différentes manières. L'engagement personnel de ceux qui prennent la parole dans les formations comme intervenants est une façon de joindre l'acte à la parole et de permettre ces articulations. Une telle perspective demande aussi qu'une place soit faite à l'expérience croyante des destinataires, car il est nécessaire que ceux-ci puissent raccrocher ce qui est dit à leur démarche croyante. C'est ici que prennent sens les espaces d'intériorité ou de réflexion personnelle, et les groupes d'échanges entre participants.

Cette nouvelle donne appelle à mettre sur pied des démarches de formation qui conjuguent apports théologiques et appropriation croyante. Sur cette articulation peuvent venir s'ajouter des compétences, mais il importe qu'elles soient en permanence reliées à l'expérience de foi.

c) J'arrive au troisième point. Pour travailler ce lien entre donné de la foi et expérience croyante, qui rejoint le lien entre formation et conversion qui nous occupe, il est intéressant de faire vivre des expériences et/ou de faire relire l'expérience – toujours de façon adaptée au public et aux objectifs poursuivis. On rejoint ici ce qu'en catéchèse on appelle la pédagogie d'initiation. L'objectif est double : il s'agit de travailler le lien entre doctrine et expérience, mais c'est aussi un moyen de favoriser une appropriation de cette dimension ecclésiale de la foi qui préoccupe les formateurs.

Evoquons ici quelques pistes. Les échanges entre participants permettent de laisser résonner les apports reçus et de faire place au questionnement et aux convictions de chacun, offrant ainsi la possibilité de faire des liens entre foi reçue et expérience. Dans le cadre de parcours théologique plus développés – par exemple les parcours de formation des diacres ou des laïcs en mission ecclésiale – il est très fécond d'intégrer des groupes d'« intervision », où les participants peuvent, après avoir travaillé une thématique (par exemple : christologie, sacrements), échanger leurs découvertes et faire des liens avec leur expérience personnelle et leurs engagements pastoraux.

Dans cette perspective de « relecture de l'expérience », il est également intéressant d'offrir aux participants un accompagnement spirituel (en respectant la distinction entre for interne et for externe). De même, il est aussi intéressant de proposer des initiations à la prière et au discernement spirituel pour travailler la cohérence entre ce qui est vécu personnellement et la foi qu'ils sont en train de faire leur.

La liturgie est un autre lieu où travailler ce lien entre donné de la foi et expérience. Pour initier une réflexion sur les liturgies locales ou sur la pédagogie d'initiation, il peut être pertinent de démarrer par une célébration liturgique qui fait revivre les engagements pris au baptême. Ce temps liturgique, finement préparé, peut être suivi d'un temps d'échange en petits groupes afin de permettre l'expression des résonnances de l'expérience vécue. Sur cette base, il est possible de poursuivre une réflexion, soit sur la liturgie dominicale, soit sur la pédagogie d'initiation. Une telle expérience permet une prise de conscience très incarnée de la signification de la liturgie, de ses enjeux ecclésiologiques, et de la portée de la pédagogie d'initiation.

On pourrait poursuivre avec d'autres exemples. Revenons sur l'intérêt des échanges ou de ces temps de relecture pour s'approprier la dimension ecclésiale de la foi. Si leur finalité première est de permettre à chacun de relier doctrine et expérience pour se construire comme croyant, ils permettent également de découvrir le soutien mutuel que peuvent s'apporter les croyants dans le partage de leur cheminement croyant. Une telle approche permet d'accueillir la dimension communautaire de la foi comme une bonne nouvelle, parce qu'elle est un soutien pour avancer dans un chemin de foi.

5. Et la dimension sociale de la foi ?

Avant de conclure, je vous partage une dernière question qui me vient… du pape François, mais aussi du premier modèle de formation signalé plus haut et de sa dimension prophétique. Les orientations ici proposées ne risquent-elles pas de nous confiner dans l'intime, dans l'entre-nous et de faire passer au second plan la dimension prophétique ? Chaque modèle a ses points faibles et il faut voir comment y pallier.
La dimension sociale de la foi renvoie à une question brûlante en ce début janvier 2015. Les événements dramatiques vécus à Paris nous ont replacé devant l'urgence d'unir les forces pour construire un vivre-ensemble qui fasse place à chacun.
Que faire de ce questionnement dans nos propositions de formation ? Soulignons tout d'abord que ce que nous ferons pour aider les personnes à se construire en développant leur liberté intérieure est une première contribution à un vivre ensemble harmonieux. Doit s'y ajouter une sensibilisation au dialogue interculturel et interreligieux. Il importe également de toujours intégrer dans nos propositions de formation une ouverture aux réalités sociales et culturelles, non seulement à travers des apports sur des questions de société, mais également dans la réflexion dogmatique : la réflexion sur l'Incarnation, sur la Trinité a des implications sociales et il importe de s'y arrêter. Cette ouverture peut également passer à travers la découverte de la doctrine sociale de l'Eglise. Ceux qui la découvrent sont souvent positivement impressionnés. Elle peut aussi se vivre à travers des expériences de rencontres, avec des personnes d'autres confessions et d'autres religions ou convictions, avec des témoins engagés auprès des personnes précarisées. De telles rencontres ne laissent pas indemnes, elles ouvrent des chemins de fraternité qui vont à l'encontre du repli communautariste.

Conclusion

Comme formateurs, il en va de notre responsabilité de croyants que d'appeler à la conversion, d'ouvrir à une foi qui prend toute la vie. Dans notre contexte contemporain, la condition de mise en œuvre d'un tel objectif, c'est de veiller à construire la liberté intérieure des personnes, parce que, négativement, c'est ainsi qu'on peut éviter les conditionnements et permettre une conversion qui soit intégrée dans un cheminement de foi personnel. Et positivement, en construisant sur le dynamisme intérieur des personnes, on permet l'éclosion de ce que chaque personne porte de meilleur au service de la construction d'un monde nouveau. On rejoint la pédagogie d'initiation qui nous dit que c'est une Autre qui initie.

Sujets croyants et disciples missionnaires : Deux projets en tension ?

François-Xavier Amherdt

Introduction : Evangelii Gaudium, un tournant

De la joie à l'Esprit

50 ans après *Gaudium et Spes* (*GS*), la constitution pastorale du Concile Vatican II sur *L'Église dans le monde de ce temps* (1965)[106], 40 ans après *Evangelii Nuntiandi* (*EN*), l'exhortation post-synodale de Paul VI, *Annoncer l'Évangile aux hommes de notre temps* (1975)[107], le premier document du pape François *Evangelii Gaudium* (*EG*), *La joie de l'Évangile* (2013)[108] marque un tournant pour la dynamique missionnaire de l'Église catholique.

Certes l'exhortation du pontife argentin se place dans la continuité des appels répétés de ses prédécesseurs Jean-Paul II et Benoît XVI en faveur d'une « nouvelle évangélisation »[109].

---

106 VATICAN II, *Gaudium et Spes*, Constitution pastorale sur l'Église dans le monde de ce temps, Rome, 7 décembre 1965.

107 PAUL VI, *Evangelii nuntiandi*, Exhortation apostolique sur l'évangélisation dans le monde moderne, Rome, 8 décembre 1975.

108 FRANÇOIS, *Evangelii Gaudium*, Exhortation apostolique sur l'annonce de l'Évangile dans le monde d'aujourd'hui, Rome, 24 novembre 2013.

109 De JEAN-PAUL II, voir par exemple l'exhortation apostolique post-synodale *Christifideles laici* sur la vocation et la mission des laïcs dans l'Église et dans le monde, Rome, 30 décembre 1988, n. 4 et 34 ; ou l'encyclique *Redemptoris Missio* sur la valeur permanente du précepte missionnaire, Rome, 7 décembre 1990, n. 33 et 37.
Quant à BENOÎT XVI, il a fondé le Conseil pontifical pour la promotion de la nouvelle évangélisation, et il a convoqué en octobre 2012 la XIIIe assemblée générale ordinaire du Synode des évêques sur « la nouvelle évangélisation pour la transmission de la foi chrétienne ».

Cependant *EG* tranche quelque peu avec les textes antérieurs par sa tonalité, sa construction et son langage. Au lieu de commencer comme d'habitude dans de tels écrits du Magistère par la liste des maladies dont souffre notre époque – tous ces « -ismes » comme le relativisme, l'individualisme, le rationalisme, le sécularisme, le scientisme, etc. –, le texte de François part de la joie de l'Évangile : si celle-ci habite l'être de ceux qui annoncent la Bonne Nouvelle, elle peut rejoindre par sa beauté le cœur de nos contemporains en quête de lumière. A l'autre bout du document, l'évêque de Rome achève sa réflexion, programmatique pour son pontificat, par une méditation sur l'action surprenante de l'Esprit qui, seul, fait germer le grain (cf. Marc 4, 3-9). Entre deux, l'œuvre évangélisatrice de l'Église se présente donc comme une diaconie de la joie et de l'Esprit, une diaconie du don et de la gratuité. De plus, le langage du pape, son style et son vocabulaire collent tout à fait à son propos : la foi chrétienne est figurée comme le levain de la pâte humaine, un levain dans et pour la réalité profane, non pas contre le monde ou hors de lui. François renoue ainsi avec la conception de la *Lettre à Diognète* (n. 6), que Mgr Claude Dagens aime à citer pour situer la place du christianisme dans la culture actuelle : « *Les chrétiens sont dans le monde ce que l'âme est dans le corps* »[110].

Paradigmes d'évangélisation et orientations pour la formation des adultes

Qui dit conversion pastorale de l'Église, dit changement d'orientation pour la formation de ceux qui sont porteurs de l'évangélisation et qu'*EG* appelle les « disciples missionnaires » (n. 24) : c'est-à-dire autant les agents pastoraux à proprement parler, permanents ou bénévoles, que tous les membres du peuple de Dieu, puisque tous, par leur baptême, « ont reçu la mission d'annoncer la Parole », comme l'affirme l'exhortation apostolique de Benoît XVI *Verbum Domini* (n. 94)[111].

---

110 Cf. Mgr Claude DAGENS, *Catholiques en France, réveillons-nous !*, Paris, Bayard, 2012, p. 131.

111 BENOÎT XVI, *Verbum Domini*, Exhortation apostolique post-synodale sur la Parole de Dieu dans la vie et dans la mission de l'Église, Rome, 30 septembre 2010.

Comment faut-il dès lors penser la formation des adultes dans cette perspective nouvelle ? Nous nous appliquerons à expliciter ce virage missionnaire que l'Église est invitée à prendre à la suite du successeur de Pierre. Nous montrerons pas à pas que, bien loin de s'opposer, les différents paradigmes d'évangélisation – que nous décrirons à l'aide de verbes-clés (proposer, accueillir, accompagner, « engendrer », annoncer, transmettre, inciter, témoigner) –, s'articulent et se complètent nécessairement les uns les autres. Au fur et à mesure également, nous en tirerons des conséquences pour les différents partenaires de la formation en Église, les adultes, les formateurs et les institutions ecclésiales. Nous établirons – et ce sera notre thèse centrale – que pour aller vers les périphéries, « révéler »[112] la joie de l'Évangile, qui y est déjà présente, les disciples missionnaires sont invités à être, au cœur de l'Église, des sujets croyants, enracinés dans l'Esprit.
Joie rime avec foi : la conversion missionnaire (début d'*EG*) implique une conversion spirituelle (finale d'*EG*). Pour devenir disciples évangélisateurs, il faut être sujets croyants.

1. Une Église en sortie[113] : Renouvellement – conversion – réforme

1.1 Un virage nouveau

« L'intimité de l'Église avec Jésus est une intimité itinérante, et la communion "*se présente essentiellement comme communion missionnaire*"[114]. Fidèle au modèle du maître, il est vital qu'aujourd'hui l'Église sorte pour annoncer l'Évangile à tous, en tous lieux, en toutes occasions, sans hésitation, sans répulsion et sans peur. » (*EG*, n. 23)

---

112 « Révéler », au sens photographique du terme.

113 Plusieurs des réflexions qui suivent sont tirées de quelques-uns des articles du numéro 1/2015 de *Lumen Vitae*, que j'ai dirigé, précisément sous le titre *Une Église en sortie*, notamment d'Enzo BIEMMI, « La conversion pastorale et catéchétique d'*Evangelii Gaudium* », de Martin WERLEN, « Découvrir ensemble la braise sous la cendre : un style renouvelé d'évangélisation », d'Aandré FOSSION, « L'évangélisation : "un constant corps à corps" » et d'Etienne GRIEU, « Évangéliser aux périphéries : oui, mais que veut dire "périphérie"? ».

114 JEAN-PAUL II, *Christifideles Laici*, n. 32.

Dans son positionnement culturel postmoderne, loin de toute nostalgie d'une chrétienté homogène avec la société et d'une foi transmise automatiquement par héritage, l'Église est pressée par le souverain pontife de prendre un virage nouveau : « [...] sortir de son propre confort et avoir le courage de rejoindre toutes les périphéries qui ont besoin de la lumière de l'Évangile. » (*EG*, n. 20)

1.2 Proposer l'Evangile

Une Église en sortie qui offre à tous la joie de la Bonne Nouvelle : François rejoint ainsi les accents les plus forts de la « proposition de la foi », telle que la souhaitait déjà la *Lettre aux catholiques de France* de 1996[115], et que l'a relayée le second rapport Dagens, *Entre épreuves et renouveaux, la passion de l'Évangile*[116]. Proposer[117], ce n'est ni imposer, ni simplement accueillir[118], ni purement communiquer. C'est donner des éléments de discernement, favoriser une progression et finalement s'en remettre à la liberté des destinataires. Proposer, c'est permettre de croire en l'amour de Dieu (la charité), offrir des ressources pour faire face aux énigmes de l'existence (l'espérance) et rendre possible pour tout homme l'expérience de l'union au Christ (la foi)[119].

---

115 LES ÉVÊQUES DE FRANCE, *Proposer la foi dans la société actuelle. Lettre aux catholiques de France*, Paris, Cerf, 1996.

116 Mgr C. DAGENS, *Entre épreuves et renouveaux, la passion de l'Évangile. Indifférence religieuse, visibilité de l'Église et évangélisation*, Paris, Bayard / Cerf / Fleurus-Mame, 2010.

117 Cf. Henri-Jérôme GAGEY & Denis VILLEPELET, *Sur la proposition de la foi*, Paris, L'Atelier, 1999 ; Hadwig MÜLLER, Norbert SCHWAB & Werner TZSCHEETZSCH (éds.), *Une espérance qui parle – une Église en devenir. Proposer la foi dans la société actuelle*, Ostfildern, Schwabenverlag, 2001.

118 Cf. François MOOG, *Accueillir ceux qui frappent à la porte de l'Église*, coll. « Le point catéchèse », n. 1, Paris, Le Sénevé / ISPC, 2009.

119 Cf. JEAN-PAUL II, *Redemptor Hominis*, lettre encyclique pour le début de son ministère pontifical, Rome, 4 mars 1979, n. 14.

1.3 Conversion intérieure et réforme structurelle

Cette approche renouvelée de « sortie » pour proposer l'Évangile implique une conversion intérieure de chaque baptisé et une réforme structurelle de l'Église. A cet égard, le pape va encore plus loin que le message des évêques au terme du Synode 2012. Il ne suffit pas que les évangélisateurs deviennent « nouveaux » pour que se réalise la « nouvelle évangélisation » (Message du Synode au Peuple de Dieu, n. 5)[120]. Il faut encore qu'à la transformation spirituelle de chacun s'adjoignent des modifications institutionnelles. Le pontife sud-américain le clame avec vivacité :

> « J'imagine un choix missionnaire capable de transformer toute chose, afin que les habitudes, les styles, les horaires, le langage et toute structure ecclésiale deviennent un canal adéquat pour l'évangélisation du monde actuel, plus que pour l'auto-préservation. La réforme des structures, qui exige la conversion pastorale, ne peut se comprendre qu'en ce sens : faire en sorte qu'elles deviennent toutes plus missionnaires, que la pastorale ordinaire en toutes ses instances soit plus expansive et ouverte, qu'elle mette les agents pastoraux en constante attitude de "sortie" et favorise ainsi la réponse positive de tous ceux auxquels Jésus offre son amitié. Comme le disait Jean-Paul II aux évêques de l'Océanie, "tout renouvellement dans l'Église doit avoir pour but la mission, afin de ne pas tomber dans le risque d'une Église centrée sur elle-même"[121]. » (*EG*, n. 27)

---

120 SYNODE DES ÉVÊQUES 2012, *Message final au Peuple de Dieu*, Rome, 27 octobre 2012.

121 JEAN-PAUL II, *Ecclesia in Oceania*, exhortation apostolique post-synodale sur Jésus-Christ et les peuples de l'Océanie : suivre son chemin, proclamer sa vérité, vivre sa vie, Rome, 22 novembre 2001, n. 19.

Piste pour la formation n° 1 : Ainsi, c'est à une « triade » d'éléments reliés entre eux que la formation ecclésiale est appelée à préparer les adultes : assumer ce renouveau de l'évangélisation, en sortie vers les périphéries, expérimenter une conversion personnelle comme auto-évangélisation permanente et contribuer à la réforme institutionnelle de l'Église.

Jean-Paul II parlait déjà de la connexion entre ces trois dimensions dans son encyclique sur l'œcuménisme *Ut unum sint*[122] (n. 16) :

> « Dans l'enseignement du Concile, il y a nettement un lien entre rénovation, conversion et réforme. Il affirme : "Au cours de son pèlerinage, l'Église est appelée par le Christ à cette réforme permanente dont elle a continuellement besoin, en tant qu'institution humaine et terrestre ; si donc il est arrivé que certaines choses aient été observées avec moins de soin, il faut procéder en temps opportun au redressement qui s'impose" (Vatican II, *Unitatis redintegratio*, n. 6) ».

2. Motivations renouvelées pour la nouvelle évangélisation

Deuxième aspect mis en évidence par l'exhortation *La joie de l'Évangile* : le renouvellement des motivations pour une impulsion missionnaire revitalisée (cf. *EG*, n. 262-283). Ce n'est pas seulement le contexte contemporain qui encourage cette « période d'évangélisation plus fervente, joyeuse, généreuse, audacieuse, pleine d'amour et débordante » qu'appelle de ses vœux François (*EG*, n. 261), mais ce sont des raisons théologiques profondes. Pourquoi reprendre l'initiative de l'annonce de l'Évangile ?

2.1 L'Esprit à l'œuvre en tout homme

La réponse à cette question s'ancre d'abord dans la conviction fondamentale que l'Esprit Saint est à l'œuvre en chaque être humain (*capax Dei*) et qu'il précède toujours notre action missionnaire. C'est déjà l'une des affirmations centrales de

---

122 JEAN-PAUL II, *Ut unum sint*, lettre encyclique sur l'engagement œcuménique, Rome, 25 mai 1995.

Gaudium et Spes : « En effet, puisque le Christ est mort pour tous et que la vocation dernière de l'homme est réellement unique, à savoir divine, nous devons tenir que l'Esprit Saint offre à tous, d'une façon que Dieu connaît, la possibilité d'être associé au mystère pascal. » (*GS*, n. 22, 5)

2.2 Accompagner la foi élémentaire en la vie : la pastorale d'engendrement

Dans cette ligne, le jésuite Christoph Theobald parle d'une sorte de « foi élémentaire » que nourrit quiconque fait « crédit à la vie », nécessaire pour pouvoir exister et en même temps intransmissible et toujours étonnante dans son surgissement[123]. C'est la « grâce première » que Dieu répand en abondance dans le monde et que vivent tous ceux qui mettent en œuvre les béatitudes de la miséricorde, de la paix et de la justice sans même se réclamer explicitement de la foi chrétienne ; ces « hommes et ces femmes du Royaume », en qui l'Esprit travaille sans qu'ils le sachent ; ces êtres de bonne volonté, semblables aux personnages à qui le Christ déclare dans l'Évangile : *« Ta foi t'a sauvé(e) »* : la femme hémorroïsse (Marc 5, 34), la Syrophénicienne (Matthieu 15, 28) ou le centurion romain dont il guérit le serviteur (Luc 7, 10).

C'est ce que Philippe Bacq nomme « la foi des quiconque[124] ». Nous rejoignons là cet autre modèle d'évangélisation que plusieurs auteurs appellent « la pastorale d'engendrement[125] ».

---

123 Cf. Christoph THEOBALD, « La foi a une histoire. La structure narrative de la transmission et sa régulation ecclésiale », in Enzo BIEMMI & Aandré FOSSION (dir.), *La catéchèse narrative, Pédagogie catéchétique* 26, Bruxelles, Lumen Vitae, 2011, p. 27-45, ici p. 43.

124 Philippe BACQ, « La pastorale d'engendrement, qu'est-ce à dire ? », *Lumen Vitae* 63, 2008, pp. 299-318, ici pp. 305-308.

125 Cf. Philippe BACQ & C. THEOBALD (dir.), *Une nouvelle chance pour l'Évangile. Vers une pastorale d'engendrement*, Bruxelles, Lumen Vitae, 2004 ; IDEM, *Passeurs d'Évangile. Autour d'une pastorale d'engendrement*, Bruxelles, Lumen Vitae, 2008 ; Marie-Agnès DE MATTEO & François-Xavier AMHERDT, *S'ouvrir à la fécondité de l'Esprit. Fondements d'une pastorale d'engendrement*, coll. « Perspectives pastorales », n. 4, St-Maurice, Saint-Augustin, 2009.

Elle puise son inspiration dans les récits évangéliques de rencontres avec Jésus. Grâce à sa pédagogie diversifiée et adaptée à chacun[126], le Christ permet à son interlocuteur d'être engendré à son identité authentique et de puiser dans ses ressources personnelles pour renaître de l'Esprit : ainsi Nicodème (Jean 3, 1-21), Zachée (Luc 19, 1-10) ou la Samaritaine (Jean 4, 1-42).

Piste pour la formation n° 2 : Point d'attention pour la formation ecclésiale : La capacité première de l'évangélisation consiste alors à « entrer dans la conversation en cours », à s'intéresser à ce qui intéresse nos contemporains, « à partager les joies et les espoirs, les tristesses et les angoisses des hommes de ce temps, des pauvres surtout, et de ceux qui souffrent » et à donner écho dans notre cœur de disciples du Christ à tout ce qui est humain (cf. *GS*, n. 1)[127]. C'est une pastorale de l'accompagnement personnalisé, du compagnonnage, de l'enfantement de chacun à sa vie humaine et divine.

Elle intègre en quelque sorte l'ensemble des autres paradigmes auxquels nous faisons allusion : elle comporte des éléments d'accueil, d'annonce, de transmission, de témoignage, de proposition et d'initiation, avec un style évangélique renouvelé. Car, lorsque le moment favorable se présente, elle présente la Bonne Nouvelle comme plausible, désirable et précieuse pour l'existence, et elle conduit à l'acte de foi comme une grâce supplémentaire qui vient s'ajouter à la grâce de l'existence, en une logique de *« grâce sur grâce »* (Jean 1, 16)[128]. Cela implique de la part des acteurs de l'évangélisation l'apprentissage d'une « véritable démaîtrise » et une aptitude à s'émerveiller devant les « surprises » de l'Esprit. (cf. *EG*, n. 278)

---

126 Cf. Pierre VIANIN & François-Xavier AMHERDT, *À l'école du Christ pédagogue. Comment enseigner à la suite du maître ?*, coll. « Perspectives pastorales », n. 5, St-Maurice, Saint-Augustin, 2011.

127 Cf. André FOSSION, « Il vous précède en Galilée, c'est là que vous le verrez », *Le Fil*, sept. 2001, p. 8.

128 Cf. André FOSSION, *Dieu désirable. Proposition de la foi et initiation, Pédagogie catéchétique* 25, Novalis / Lumen Vitae, Montréal / Bruxelles, 2010, p. 27.

Ainsi les disciples missionnaires ne sont que des « passeurs d'Évangile »[129] et l'engendrement expérimenté en chaque rencontre véritable est mutuel :

> « Ainsi, quand nous vivons la mystique de nous approcher des autres, afin de rechercher leur bien, nous dilatons notre être intérieur pour recevoir les plus beaux dons du Seigneur. Chaque fois que nous rencontrons un être humain dans l'amour, nous nous mettons dans une condition qui nous permet de découvrir quelque chose de nouveau de Dieu. Chaque fois que nos yeux s'ouvrent pour reconnaître le prochain, notre foi s'illumine davantage pour reconnaître Dieu. Il en ressort que, si nous voulons grandir dans la vie spirituelle, nous ne pouvons pas cesser d'être missionnaires. L'œuvre d'évangélisation enrichit l'esprit et le cœur, nous ouvre des horizons spirituels, nous rend plus sensibles pour reconnaître l'action de l'Esprit, nous fait sortir de nos schémas spirituels limités. En même temps, un missionnaire pleinement dévoué expérimente dans son travail le plaisir d'être une source, qui déborde et rafraîchit les autres. » (*EG*, n. 272)

2.3 La foi au Christ rend la vie plus belle

La pastorale d'engendrement englobe donc un moment de proclamation et de témoignage explicite, au nom même de l'amour des personnes rencontrées. Tel est le motif essentiel de l'évangélisation, selon le pape François : nous ne pouvons garder pour nous cette perle précieuse entre toutes, car la relation au Christ rend l'existence plus belle et le partage de la foi porte notre joie à son comble (cf. 1 Jean 1, 1-4).

> « L'enthousiasme dans l'évangélisation se fonde sur cette conviction. Nous disposons d'un trésor de vie et d'amour qui ne peut tromper, le message qui ne peut ni manipuler ni décevoir. C'est une réponse qui se produit au plus profond de l'être humain et qui peut le soutenir et l'élever.

---

129 Cf. André FOSSION, « Évangéliser de manière évangélique » in Philippe BACQ & Christoph THEOBALD (dir.), *Passeurs d'Évangile. Autour d'une pastorale d'engendrement*, Bruxelles, Lumen Vitae, 2008, p. 57-72.

> C'est la vérité qui ne se démode pas parce qu'elle est capable de pénétrer là où rien d'autre ne peut arriver. » (*EG*, n. 265)

Piste de formation n° 3 : C'est pourquoi former des disciples missionnaires exige d'éveiller des sujets à la foi brûlante.

> « Cette conviction, toutefois, est soutenue par l'expérience personnelle, constamment renouvelée, de goûter son amitié et son message. On ne peut persévérer dans une évangélisation fervente, si on n'est pas convaincu, en vertu de sa propre expérience, qu'avoir connu Jésus n'est pas la même chose que de ne pas le connaître, que marcher avec lui n'est pas la même chose que marcher à tâtons, que pouvoir l'écouter ou ignorer sa Parole n'est pas la même chose, que pouvoir le contempler, l'adorer, se reposer en lui, ou ne pas pouvoir le faire n'est pas la même chose. Essayer de construire le monde avec son Évangile n'est pas la même chose que de le faire seulement par sa propre raison. Nous savons bien qu'avec lui la vie devient beaucoup plus pleine et qu'avec lui, il est plus facile de trouver un sens à tout. C'est pourquoi nous évangélisons. Le véritable missionnaire, qui ne cesse jamais d'être disciple, sait que Jésus marche avec lui, parle avec lui, respire avec lui, travaille avec lui. Il ressent Jésus vivant avec lui au milieu de l'activité missionnaire. Si quelqu'un ne le découvre pas présent au cœur même de la tâche missionnaire, il perd aussitôt l'enthousiasme et doute de ce qu'il transmet, il manque de force et de passion. Et une personne qui n'est pas convaincue, enthousiaste, sûre, amoureuse, ne convainc personne. » (*EG*, n. 266)

Si nous formons des disciples croyants et passionnés, ils seront passionnants !

3. Aller à l'essentiel : le « contenu » de l'évangélisation

3.1 Au cœur de l'Évangile

Comme Jésus avec les deux pèlerins sur la route d'Emmaüs (Luc 24, 13-35), ou comme le diacre Philippe avec l'eunuque de la reine d'Éthiopie dans son char (Actes 8, 26-40), vient le moment où annoncer[130] la Parole et expliquer le contenu de la foi. Comment procéder, dans la visée de l'évangélisation ? *EG* plaide pour une hiérarchisation des vérités (n. 36-37), pour une présentation organique qui respecte les proportions (par exemple entre la grâce et la loi, n. 38-39) et pour une concentration sur le cœur du message évangélique (n. 34) :

> « Une pastorale en terme missionnaire n'est pas obsédée par la transmission désarticulée d'une multitude de doctrines qu'on essaie d'imposer à force d'insister. Quand on assume un objectif pastoral et un style missionnaire, qui réellement arrivent à tous sans exceptions ni exclusions, l'annonce se concentre sur l'essentiel, sur ce qui est plus beau, plus grand, plus attirant et en même temps plus nécessaire. La proposition se simplifie, sans perdre pour cela profondeur et vérité, et devient ainsi plus convaincante et plus lumineuse. » (*EG*, n. 35)

3.2 (Seconde)-première annonce kérygmatique

Il y a donc un essentiel à transmettre[131] quand l'Église est en sortie, que le document pontifical appelle avec la Tradition le « kérygme ». C'est dans une perspective missionnaire que la catéchèse est appelée à (re)devenir kérygmatique :

---

130 Cf. par exemple : Pierre LE BOURGEOIS, *Pour annoncer l'Évangile aujourd'hui*, Paris, Salvator, 2010 ; Mgr Claude DAGENS, *Va au large. Des chances nouvelles pour l'Évangile*, Paris, Parole et Silence, 2001 ; Mgr Claude DAGENS, *Aujourd'hui l'Évangile*, Paris, Parole et Silence, 2009 ; Michel SCOUARNEC, *La foi, une affaire de goût. Annoncer l'Évangile et proposer la foi aujourd'hui*, Paris, éd. de l'Atelier, 2007.

131 Cf. Hélène CARRÈRE D'ENCAUSSE et alii, *Foi chrétienne. Quelle transmission ? Perspective historique, enjeux actuels*, *Trajectoires* 19, Bruxelles, Lumen Vitae, 2009 ; Jean-Noël BEZANÇON et alii, *La transmission, un défi impossible ?*, Paris, DDB, 2007 ; SEMAINES SOCIALES DE FRANCE, *Transmettre. Partager des valeurs, susciter des libertés*, Paris, Bayard, 2006.

> « Nous avons redécouvert que, dans la catéchèse aussi, la première annonce ou "*kérygme*" a un rôle fondamental, qui doit être au centre de l'activité évangélisatrice et de tout objectif de renouveau ecclésial. Le *kérygme* est trinitaire. C'est le feu de l'Esprit qui se donne sous forme de langues et nous fait croire en Jésus Christ, qui par sa mort et sa résurrection nous révèle et nous communique l'infinie miséricorde du Père. » (*EG*, n. 164)

L'expression « première annonce »[132] est à comprendre au sens génétique et non chronologique : elle constitue le fondement durable de l'acte de foi. Elle ne se réalise pas en une fois, mais doit être réactivée par ce qu'Enzo Biemmi appelle une « seconde première annonce », lors d'événements marquants ou de crises pour des jeunes ou des adultes « recommençants »[133].

> « Quand nous disons que cette annonce est "la première", cela ne veut pas dire qu'elle se trouve au début et qu'après elle est oubliée ou remplacée par d'autres contenus qui la dépassent. Elle est première au sens qualitatif, parce qu'elle est l'annonce *principale*, celle que l'on doit toujours écouter de nouveau de différentes façons et que l'on doit toujours annoncer de nouveau durant la catéchèse sous une forme ou une autre, à toutes ses étapes et ses moments. » (*EG*, n. 164)

Piste pour la formation n° 4 : Dans un tel contexte de première annonce, la formation théologique et doctrinale requise mobilise l'intelligence, les capacités de discernement et de synthèse, aussi bien que les compétences relationnelles et communicationnelles, pour savoir pointer ce qui est primordial et l'articuler de manière cohérente et attractive.

> « La centralité du *kérygme* demande certaines caractéristiques de l'annonce qui aujourd'hui sont nécessaires en tout lieu : qu'elle exprime l'amour salvifique de Dieu préalable à l'obligation morale et religieuse, qu'elle n'impose pas la vérité et qu'elle fasse appel à la liberté,

---

132 Cf. Enzo BIEMMI & André FOSSION (dir.), *La conversion missionnaire de la catéchèse. Proposition de la foi et première annonce*, Pédagogie catéchétique 24, Bruxelles, Lumen Vitae, 2009.

133 Cf. Enzo BIEMMI, *La seconde annonce. La grâce de recommencer*, Pédagogie catéchétique 29, Bruxelles, Lumen Vitae, 2012.

qu'elle possède certaines notes de joie, d'encouragement, de vitalité, et une harmonieuse synthèse qui ne réduise pas la prédication à quelques doctrines parfois plus philosophiques qu'évangéliques. Cela exige de l'évangélisateur des dispositions qui aident à mieux accueillir l'annonce : proximité, ouverture au dialogue, patience, accueil cordial qui ne condamne pas. » (*EG*, n. 165)

4. Une annonce qui prend chair : une pédagogie d'apprentissage et d'initiation[134]

4.1 Un rapport à la chair

Selon l'approche du pape François, la formation des adultes n'omet aucune dimension de la personne, elle se fait chair, comme le Verbe (cf. Jean 1, 14) :

> « Toute la formation chrétienne est avant tout l'approfondissement du *kérygme* qui se fait chair toujours plus et toujours mieux [...]. C'est l'annonce qui correspond à la soif d'infini présente dans chaque cœur humain. » (*EG*, n. 165)

Le pape va même jusqu'à définir l'action missionnaire comme un « constant corps à corps » destiné à imprimer dans la chair de la communauté ecclésiale les marques de la tendresse divine.

> « [...] l'Évangile nous invite toujours à courir le risque de la rencontre avec le visage de l'autre, avec sa présence physique qui interpelle, avec sa souffrance et ses demandes, avec sa joie contagieuse dans un constant corps à corps. La foi authentique dans le Fils de Dieu fait chair est inséparable du don de soi, de l'appartenance à la communauté, du service, de la réconciliation avec la chair des autres. Dans son incarnation, le Fils de Dieu nous a invités à la révolution de la tendresse. » (*EG*, n. 88)

En tant qu'évangélisateurs, il s'agit de reconnaître « l'odeur des brebis » et de s'en imprégner (n. 24). Pas de tâche plus fascinante

---

[134] Cf. Henri DERROITTE (dir.), *Catéchèse et initiation*, *Pédagogie catéchétique* 18, Bruxelles, Lumen Vitae, 2005 ; Joël MOLINARIO (dir.), *Initiation et postmodernité*, *Lumen Vitae* 66/2 (2011), p. 121-240.

que d'amener les hommes de ce temps à se jeter dans les bras du Père qui les attend dans la gloire, lui qui les a déjà embrassées au baptême : « Faire en sorte que notre peuple se sente comme entre ces deux étreintes est la tâche difficile mais belle de celui qui prêche l'Évangile. » (*EG*, n. 144)

4.2 Un rapport aux sens

Ces diverses formulations montrent bien que, si l'évangélisation est certes la communication d'un contenu – comme le rappelle Paul *« La foi vient de ce qu'on entend »* (Romains 10, 17) –, elle parle aussi au corps et aux émotions. Purement notionnelle, la transmission ne « touche » pas, ne « mord » pas, voire « patine », pour reprendre trois expressions très corporelles. Pour faire passer un sens, il faut parler aux sens, éveiller les corps et leur procurer de la joie.

4.3 Initiatique et mystagogique

> **Piste pour la formation n° 5** : Cela plaide pour une pédagogie d'initiation mystagogique en formation d'adultes, un apprentissage progressif du goût de la foi par une immersion ecclésiale et liturgique qui a « toujours besoin d'un environnement adapté et d'une motivation attirante, de l'usage de symboles parlants, de l'insertion dans un vaste processus de croissance et de l'intégration de toutes les dimensions de la personne dans un cheminement communautaire d'écoute et de réponse. » (*EG*, n. 166)

C'est la pédagogie d'entrée intégrale dans le mystère de Dieu souhaitée par les évêques de France pour l'ensemble de la pastorale[135] et de la catéchèse[136]. À la suite du Christ initiateur[137], elle s'enracine dans l'Écriture et la Tradition ; elle requiert la liberté des personnes, un cheminement par étapes, une progression de type catéchuménal, une dynamique du choix en réponse à l'appel

---

135 Cf. CONFÉRENCE DES ÉVÊQUES DE FRANCE, *Lettre aux catholiques de France*, p. 35.

136 Cf. CONFÉRENCE DES ÉVÊQUES DE FRANCE, *Aller au cœur de la foi. Questions d'avenir pour la catéchèse*, Paris, Bayard / Cerf / Fleurus-Mame, 2003.

137 Cf. Pierre VIANIN & François-Xavier AMHERDT, *À l'école du Christ pédagogue : comment enseigner à la suite du Maître ?*, *Perspectives pastorales* 5, Saint-Maurice, Saint-Augustin, 2011, p. 168-185.

reçu et une ouverture à la diversité culturelle[138]. Elle fait appel à l'expérience dans tous ses registres et notamment, elle emprunte la voie de la beauté (la *via pulchritudinis*) (cf. *EG*, n. 167). Elle ouvre le cœur des disciples croyants pour qu'à leur tour ils touchent le cœur des autres.

> « Quiconque veut prêcher, doit d'abord être disposé à se laisser toucher par la Parole et à la faire devenir chair dans son existence concrète. […] Avant de préparer concrètement ce que l'on dira dans la prédication, on doit accepter d'être blessé d'abord par cette Parole qui blessera les autres […]. » (*EG*, n. 150)[139]

5. Aller aux périphéries : un retour aux sources

5.1 Témoignage et expérience spirituelle[140]

C'est donc au témoignage que sont invités les disciples missionnaires d'aujourd'hui :

> « A notre époque aussi, les gens préfèrent écouter les témoins : "Ils ont soif d'authenticité […] Le monde réclame des évangélisateurs qui lui parlent d'un Dieu qu'ils connaissent et fréquentent comme s'ils voyaient l'invisible"[141]. » (*EG*, n. 150)

Piste pour la formation n° 6 : Former des témoins demande de les initier à une intense vie spirituelle, personnelle et communautaire, pour y goûter la tendresse de Dieu (cf. *EG*, n. 12) et y expérimenter le « primat de la grâce » (cf. *EG*, n. 112) : « *Sans des moments prolongés d'adoration, de rencontre priante avec la Parole, de dialogue sincère avec le Seigneur, les tâches se vident facilement de sens […] et la ferveur s'éteint.* » (*EG*, n. 262)

---

138 CONFÉRENCE DES ÉVÊQUES DE FRANCE, *Texte national pour l'orientation de la catéchèse en France et principes d'organisation*, Paris, Bayard / Cerf / Fleurus-Mame, 2007, p. 46-60.

139 Cf. Fransiska LORETAN-SALADIN & François-Xavier AMHERDT, *Prédication : un langage qui sonne juste*, *Perspectives pastorales* 3, Saint-Maurice, Saint-Augustin, 2008.

140 Cf. Jacques GRUBER, *« Vous serez mes témoins » pour un temps de confusion et de mutations*, Paris, Cerf, 2009 ; Mgr Jean-Marie LUSTIGER et alii, *Vous serez mes témoins*, Paris / Saint-Maur, Parole et Silence, 2005.

141 Cf. PAUL VI, *Evangelii Nuntiandi*, n. 76.

5.2 Les périphéries existentielles

Ce retour aux sources de la foi qui nous vivifient est indispensable si nous voulons entendre le cri du pape François qui retentit comme un leitmotiv dans tous ses écrits (cf. *EG*, n. 20) :

> « L'Église est appelée à aller vers les périphéries, pas seulement géographiques, mais également celles de l'existence : celles du mystère du péché, de la souffrance, de l'injustice, celles de l'ignorance et de l'absence de la foi, celles de la pensée, celles de toutes les formes de misères[142] ».

En sciences sociales, on parle de périphéries pour désigner les espaces défavorisés et marginalisés qui subissent la loi de centres attractifs riches et puissants[143]. Pour le pape argentin, les périphéries revêtent une dimension non seulement spatiale mais spirituelle. Elles recouvrent les réalités étrangères à l'Église comme la culture non-évangélisée (n. 116 ; 132), les contextes souffrant d'une perturbation complète de l'être ensemble du fait des violences ou des injustices (n. 218-220), ou encore les espaces où s'accumulent malheurs et souffrances (n. 191).

Or, paradoxalement, quand nous regardons de plus près ce qui correspond aux centres que les disciples doivent quitter, nous constatons que nous y trouvons les mondanités spirituelles (n. 93), le confort d'une Église qui s'accroche à ses sécurités (n. 49), la tristesse et l'acédie pastorale privée d'espérance (n. 82) ou le fonctionnarisme d'un quotidien ecclésial laissant de côté la Bonne Nouvelle (n. 83).

Par conséquent, pour l'évêque de Rome, les centres autoréférencés apparaissent comme aussi gangrenés que les périphéries ! Que faire alors ? Guérir le corps de l'Église de toutes les tentations qui guettent les agents pastoraux (n. 76-109) par la circulation « interne » de la Parole et de la charité, la « révolution de la tendresse » (n. 88), une fraternité mystique et contemplative

---

142 Propos du cardinal Bergoglio recueillis par le cardinal Jaime Lucas Ortega, archevêque de La Havane.

143 Cf. Jacques LÉVY & Michel LUSSAULT (éds.), *Dictionnaire de la géographie*, Paris / Berlin, 2013, Entrée « centre / périphérie ».

(n. 92) et un partage du pouvoir entre tous les baptisés (n. 104), notamment les femmes (n. 103) et les jeunes (n. 105).
Puis permettre à l'Église de devenir toujours davantage ce qu'elle est appelée à être, c'est-à-dire un corps de charité dans la chair du monde (cf. chapitre 4 d'*EG*, « La dimension sociale de l'évangélisation », n. 171-258) :

> « […] une Église pauvre pour les pauvres. Ils ont beaucoup à nous enseigner. En plus de participer au *sensus fidei*, par leurs propres souffrances ils connaissent le Christ souffrant. Il est nécessaire que tous nous nous laissions évangéliser par eux. La nouvelle évangélisation est une invitation à reconnaître la force salvifique de leurs existences, et à les mettre au centre du cheminement de l'Église. Nous sommes appelés à découvrir le Christ en eux, à prêter notre voix à leurs causes, mais aussi à être leurs amis, à les écouter, à les comprendre et à accueillir la mystérieuse sagesse que Dieu veut nous communiquer à travers eux. » (*EG*, n. 198)

Piste pour la formation n° 7 : L'axe majeur de la formation relève ainsi moins d'une technique de communication d'un message à faire passer que d'un apprentissage d'une rencontre avec tous ceux qui sont laissés de côté. C'est en sortant que les évangélisateurs sont conduits à la source.

Paradoxalement, c'est dans la mesure où ceux qui sont en périphérie sont remis au centre que l'Église est ramenée à l'essentiel.

Conclusion : un style

Les conversions prophétiques auxquelles *EG* nous convie nous mènent à ce que je nommerais en conclusion un nouveau « style d'évangélisation », comme John O'Malley a parlé du « style » de Vatican II[144], ou Christoph Theobald du « christianisme comme style[145] ».

Piste pour la formation n° 8 : Ce qui requiert par conséquent une formation de type artistique ou artisanal : l'évangélisation est un art du corps à corps, parlant de la charité avec charité et délicatesse (*EG*, n. 271, reprenant la formule de 1 P 3, 16).

Nous pourrions le définir avec les expressions heureuses du même Christoph Theobald[146]. A l'image du Christ auquel la formation le configure toujours plus, le disciple est invité à adopter un style de « radicale bonté » et de « sainteté hospitalière » :

- un style fait de cohérence entre les pensées, les paroles et les actes, une sorte d'« autorité » qui rayonne par sa simple présence ;
- un style marqué par l'accueil inconditionnel du prochain qui peut m'apprendre beaucoup sur moi-même ;
- un style éveillant l'autre à la « foi » qui lui vient d'ailleurs et habite déjà son cœur.

La formation d'adultes ? Elle forge des « aînés dans la foi », dont la mission est la joie !

---

144 Cf. John W. O'Malley, *L'événement Vatican II*, Bruxelles, Lessius, 2011, p. 420.

145 Cf. Christoph Theobald, Le christianisme comme style. Une manière de faire de la théologie en postmodernité, 2 T., Cogitatio Fidei 260-261, Paris, Cerf, 2007.

146 Dans sa très belle conférence au Congrès *Ecclesia 2007* à Lourdes, « À l'école du Christ initiateur », *Tabga* Hors-Série n. 3, Paris, 2007, p. 52-63.

L'articulation de la triade : adultes en formation, formateurs, institution Enjeu majeur ou défi insurmontable ?

Guy Le Bouëdec

Introduction

Le point de vue adopté est celui d'un psychologue social spécialisé dans les sciences de l'éducation et de la formation. Je partirai de mon expérience en formation d'adultes au sein de la société civile, expérience qui a concerné de nombreux milieux : éducatif, industriel, bancaire, socioéconomique, informatique… Il s'agira toujours de formations longues, de 150 à 600 heures, étalées sur un an et demi ou plus, à raison de deux ou quatre jours par mois et sur temps de travail.

Plus précisément cette expérience concerne la formation de cadres définis ici comme des responsables sachant écouter, communiquer, capables de gérer des hommes et des équipes, de concevoir et de conduire des projets dans des environnements en mutation profonde et rapide, et capables de s'intégrer dans leur entreprise ou organisme. C'est le cas, par exemple, de formations visant à conduire des enseignants à devenir chefs d'établissement, des techniciens de la banque ou de l'industrie à diriger des équipes opérationnelles, des adultes en reconversion à devenir formateurs de formateurs…

Pour proposer quelques réflexions sur l'articulation triadique annoncée, le point de vue psychosociologique parait plus adapté que le point de vue psychopédagogique : celui-ci se centrerait en effet essentiellement sur ce qui se passe dans l'enceinte de la formation (les relations et postures, les méthodes et techniques, le déroulement, l'évaluation, etc.) ; alors que l'approche psychosociologique est sous-tendue par l'hypothèse que des orientations décisives se prennent avant et en dehors de cette enceinte et vise

précisément ce qui se passe entre les trois partenaires, et qui constitue les enjeux et les défis de cette articulation.
L'intérêt pour le fonctionnement triadique s'avère tout à fait cohérent avec notre époque, pour autant que ce fonctionnement tende à se substituer aux relations d'autorité qui présidaient jadis aux rapports entre les trois partenaires alors pris deux à deux : une institution commanditaire, un formateur, des adultes stagiaires.
On connait les analyses que Sigmund Freud a proposées pour rendre compte de ce qui se joue dans la triade originaire : père, mère, enfant. Par la suite, des travaux de laboratoire[147] ont mis en évidence que l'une des lois les plus fréquentes des triades est définie par ce que Caplow a appelé la loi du « deux contre un » : dans les situations triadiques, deux partenaires, pas nécessairement toujours les mêmes, se coalisent contre le troisième en vue d'obtenir quelque avantage à son détriment.
Notre propos consiste à montrer comment cette loi s'applique dans les situations de formation et quelles conséquences s'ensuivent. A cette fin, nous passons en revue trois moments particuliers, celui de l'analyse des besoins et la conception du projet de formation, celui du choix et de l'information des stagiaires, enfin celui de l'administration du dispositif de formation. Nous montrons que l'enjeu essentiel de tout fonctionnement triadique réside dans le pouvoir, qu'il s'agisse du contrôle de l'aspect économique et de celui de la conformité idéologique.

1. D'une analyse triangulée des besoins à une conception tridimensionnelle de la formation

La conception du projet de formation dépend directement d'une analyse tripolaire des besoins : les besoins personnels des adultes qui vont suivre la formation (ce seront les éléments concernant ce qu'on pourrait appeler une mise à niveau) ; leurs besoins comme futurs cadres dans telle entreprise ou organisme (en quoi consiste le profil de cadre dans telle entreprise ?) ; les besoins de

---

[147] Cf. Théodore CAPLOW, *Deux contre un. Les coalitions dans les triades. Traduit par P. Cep*, Paris, Armand Colin U2, 1971.

l'institution où ils exerceront leur responsabilité de cadres. Ces trois types de besoins doivent donner lieu à trois axes de formation qu'on présente ci-après. Ils pointent trois types de partenaires qui ont donc chacun à faire valoir sa demande en l'articulant avec celle de chacun des deux autres : les stagiaires eux-mêmes, la profession dans laquelle ils vont entrer (les cadres déjà en place), l'institution qui va les recevoir (représentée par le commanditaire), articulation animée par le formateur.

Cette triangulation parait hautement souhaitable. En effet, si l'analyse des besoins porte essentiellement sur ceux des futurs stagiaires, on risque d'accentuer l'individualisme de ces futurs cadres, lesquels seront portés à concevoir leur métier dans un esprit de profession indépendante, ce qui ne peut donner satisfaction à l'institution ni à leurs collègues déjà là.

Si l'analyse des besoins cherche à coller au plus près au profil de « bon cadre » dans telle entreprise ou organisme, on court le risque de laisser la formation aux mains de professionnels déjà en place ; on est alors guetté par le corporatisme, lequel considère que la mission de cadre est essentiellement l'affaire d'une caste, celle de leur corporation, et qui tend à minimiser, voire à ignorer la dimension institutionnelle de leur métier.

Si la commande porte trop exclusivement sur les besoins de l'institution, on accentue dangereusement le risque d'instrumentation des futurs cadres en les poussant à être des militants plus que des professionnels, ce qui obère chez eux une légitime aspiration à un certain professionnalisme. On risque un jour de les voir partir sur la pointe des pieds parce qu'ils n'auront pas trouvé leur compte.

On voit donc qu'à ce stade, le défaut de triangulation dans l'analyse des besoins est une faute stratégique : le ver est déjà dans le fruit ! Pour répondre à ces trois types de besoins, il faut logiquement un plan tridimensionnel de formation.

1.1 L'axe du développement personnel : une mise en phase

Nous avons acquis la conviction, et vérifié sa justesse, qu'une formation un peu substantielle telle que celles dont nous parlons doit toujours commencer par un axe de développement personnel[148]. Pour que celui-ci soit honoré, le commanditaire doit être convaincu de sa nécessité, à l'égal du formateur, ce qui contribue aussi à rassurer les stagiaires.

Cet axe vise *l'acquisition et le développement de compétences basiques* qu'on croit trop souvent acquises, surtout après des études supérieures ou une bonne expérience professionnelle, alors qu'elles sont le plus souvent embryonnaires, voire lacunaires : beaucoup d'insuffisances professionnelles y trouvent leur origine. Cela s'identifie dans trois principaux domaines : *des compétences cognitives* (l'évidence perceptive, le rôle des représentations dans les modes de traitement de l'information, les raisonnements spontanés ou inférences, l'entraînement mental, des méthodes de résolution de problèmes…) ; *des compétences relationnelles et de communication* (les attitudes spontanées, l'écoute et la reformulation, l'entretien, les rôles et statuts…) ; *des compétences d'expression* (orale et écrite : analyse de notes de services, rédaction de documents, exposés devant des collaborateurs…). Ce travail sur soi est traversé en permanence par des propositions pour développer l'*intériorité* et la *réflexivité*.

L'expérience montre qu'à chaque fois qu'on omet cet axe ou qu'on le réduit à la portion congrue (parce qu'on a des doutes sur son importance, ou pour des raisons financières ou de temps…) on va rencontrer des difficultés dans les autres axes : retrait, rejet, échec, souffrance, agressivité… ; elle montre aussi que lorsqu'il est bien traité, ces adultes trouvent très rapidement (au bout de 4 à 6 journées de formation) une confiance en eux-mêmes et une étonnante efficacité des apprentissages ; et leur entourage (supérieurs, collègues) note des transformations frappantes dans les comportements.

L'expérience montre aussi qu'il faut toujours commencer une formation longue par ce travail sur soi : un adulte ne semble disposé à s'impliquer totalement dans le cycle où il est inscrit que

148 Guy LE BOUËDEC (dir.), *Les défis de la formation continue. Développement personnel, développement professionnel,* Paris, L'Harmattan, 1988 ; Roger CHARLES (dir.), 2002, *Regards sur une vie professionnelle. La passion de former*, Paris, L'Harmattan, 2002.

si on commence par s'occuper sérieusement de son développement personnel, comme s'il redoutait quelque manipulation ou exploitation, ainsi qu'on peut le voir plus loin, au paragraphe sur la rationalité des différents acteurs.
L'enjeu pédagogique et l'enjeu éthique se rejoignent donc et sont le fruit d'une articulation optimale.

1.2 L'axe du développement professionnel : apprendre un nouveau métier[149]

Ce deuxième axe vise à conduire des adultes à exercer des fonctions d'encadrement et de management, selon le profil indiqué plus haut, ainsi qu'à tendre à les rendre capables de s'intégrer, c'est-à-dire d'être acceptés par la corporation des cadres déjà en place, sans toutefois en faire des copies conformes. Cette dernière remarque fait toucher du doigt que la formation professionnelle n'atteint pas que les stagiaires mais va affecter également un certain équilibre de l'ensemble de l'entreprise ou de l'organisme. Et se dessine à nouveau la triade : les stagiaires, la profession, le formateur. La profession, par le biais de représentants significatifs choisis par le commanditaire en lien avec le formateur, a en effet plusieurs aspects à faire valoir : outre que c'est elle qui est porteuse en bonne part de la culture de l'entreprise sur ce sujet, c'est aussi elle qui détient le savoir-faire et peut faciliter l'entrée en fonction des nouveaux. On le voit, l'enjeu de la triade est ici celui du maintien et du développement de la cohérence et de l'efficacité de l'entreprise par le biais d'une intégration aussi harmonieuse que possible de ces nouveaux collègues : un bien commun sans prix.
Concrètement, il s'agit de faire maîtriser les techniques et les méthodes inhérentes à cette fonction, de fournir les éclairages théoriques qui les sous-tendent et les questions éthiques qu'elles soulèvent : tous éléments qui peuvent varier selon le type d'entreprise ou d'organisation (éducation, commerce, banque…) avec cependant de bonnes constantes. Evoquons sommairement quelques points : l'entreprise ou l'établissement comme structure

---

149 Cf. Archives de l'Ifrade – UCO Angers, *à propos de la formation de cadres pour les Maisons Familiales Rurales* (MFR) 1994.

avec des aspects comme l'organisation, l'animation, la communication, la délégation ; les politiques de recrutement, de formation et de promotion ; le dialogue social ; la conduite de projets et les relations avec l'environnement…
Insistons un instant sur la dynamique pédagogique d'une telle formation, en notant quelques points pour lesquels la contribution des professionnels à la formation peut être capitale :

- Toujours débuter la formation par une mise en projet (expression et analyse des représentations de la fonction, enquêtes, témoignages de professionnels, textes officiels…) ;
- Conduire la formation selon une pédagogie de l'alternance, avec une politique graduelle de stages dans le futur emploi : sensibilisation, coresponsabilité ;
- Analyse des stages dans le centre de formation, apports par des professionnels et des universitaires ;
- Rédaction d'un mémoire de recherche appliquée codirigé par un professionnel de terrain et un formateur du centre de formation ; soutenance devant des formateurs du centre de formation et des professionnels.

Ces quelques points suggèrent que les représentants de la profession ne seront pas indifférents à la formation de leurs futurs collègues : ils découvriront des approches nouvelles qu'ils ignoraient (« parce que, de leur temps… ») ; ils seront confortés dans l'importance de leur management pour la bonne marche de l'entreprise, car le commanditaire ne détient pas à lui seul toutes les clés. Et la triade commanditaire, formateur et professionnels sera vigilante pour contrecarrer certaines tentations, par exemple, celle que pourraient caresser certaines corporations professionnelles d'êtres elles-mêmes les seuls formateurs de leurs pairs, ou celle de formateurs tentés de se considérer comme détenant seuls la clef d'une formation pertinente, voire celle de commanditaires animés par un projet de conformisation ou de reprise en main.

1.3 L'axe institutionnel de la formation[150]

Par-delà les aspects personnels et professionnels qu'on vient d'esquisser, et même avec les transpositions requises selon le milieu professionnel, on percevra aisément que former un cadre pour une institution bancaire, pour une entreprise de production de matériel informatique, ou un chef d'établissement pour l'Enseignement catholique appelle la prise en compte d'autres éléments ; on les nomme institutionnels.

Nous reprendrons plus loin l'exemple des chefs d'établissements de l'Enseignement catholique ; dès à présent notons, sans chercher ici à les hiérarchiser, qu'une telle formation appelle logiquement des éléments comme : une bonne connaissance du système éducatif, une connaissance des caractéristiques sociologiques de la population scolarisée et de certaines tendances de la société où vit cette population ; connaissance des questions pédagogiques (programmes, méthodes, grands courants pédagogiques, textes officiels et normes diverses), une vision aussi claire que possible de ce que vise l'éducation, ainsi que des finalités d'un établissement d'éducation ; une connaissance et une appropriation des implications de son appartenance institutionnelle à l'Enseignement catholique et donc de sa mission ecclésiale…

Cette énumération, non exhaustive, fait toucher du doigt qu'une part essentielle de la responsabilité d'un tel cadre est surdéterminée par ses environnements institutionnels, et que les compétences personnelles ou professionnelles (telles qu'esquissées dans les paragraphes précédents) ne suffisent pas pour bien traiter l'éventail des aspects d'un telle responsabilité ; autrement dit, il ne suffit pas d'être un bon professeur, ou un bon technicien, et d'avoir du bon sens, pour être *ipso facto* un bon chef d'établissement ou un bon cadre (même si certains le soutiennent encore).

La dimension institutionnelle de la responsabilité d'un cadre doit être inscrite dans le programme de formation. Sa bonne réalisation nécessite une articulation ferme entre le commanditaire, les

---

150 Guy Le BOUËDEC, Edouard BRUEL & André NIGET, *Qui doit former les cadres de l'Enseignement catholique ? Les défis de l'Ispec.* Paris, L'Harmattan, 2011.

représentants de la profession et l'institut formateur, tant au niveau de la conception que de son déroulement et de son évaluation. On pressent que cette articulation, aussi indispensable soit-elle, peut être conflictuelle car elle peut être le révélateur de divergences idéologiques redoutables et, de ce fait, le moment de la reprise en main du pouvoir par le commanditaire.

2. Comment arrive-t-on en formation ?

Le choix des stagiaires est de la prérogative du commanditaire ; cependant, le formateur est concerné aussi, tant par la manière dont les stagiaires sont choisis et informés, que par leur profil, leur expérience, leur niveau, leurs projets ; mais aussi par l'information qu'il doit leur donner concernant les grandes étapes de la formation, les exigences de celle-ci, le travail personnel, les modalités d'évaluation, etc. Les stagiaires, rassemblés, sont intéressés au plus haut point à entendre ce que le commanditaire dit d'eux au formateur, le projet qu'il a sur eux, les liens qu'il aura avec le formateur, la nature et le pourquoi des grandes modalités de la formation dans laquelle il les engage, l'avenir de l'entreprise. Ils peuvent aussi avoir des questions à poser sur le travail, leur avenir, leurs états d'âme.
Une réunion (2 heures) entre les trois partenaires suffit à lever la plupart des appréhensions parasites des futurs stagiaires. Nous montrons maintenant sur deux cas différents le boulet que constitue tout au long de la formation les effets de l'absence d'une telle articulation.

2.1 Trois rationalités divergentes en tension

Explicitons un premier défi sur le cas d'une formation de cadres intermédiaires, autodidactes (montés en puissance 'sur le tas'). Ces dix stagiaires faisaient partie d'une société de fabrication de matériel sanitaire. Ils provenaient de plusieurs usines ou du siège de la société. Ils avaient un niveau académique de bac+2 (DUT, BTS) ou assimilé. La formation, d'une trentaine de journées sur une quinzaine de mois, s'est déroulée par plages de deux ou trois journées sur le temps de travail, avec pour finalité de les amener à être des « cadres de bon niveau », selon la demande du commanditaire.

Le commanditaire (le Directeur des Affaires Sociales, ci-après, le DAS) et les responsables pédagogiques de la formation (universitaires) s'étaient donnés plusieurs journées de travail pour construire le plan de formation ; cela avait permis un ajustement des finalités et des objectifs. Les formateurs n'eurent aucun rôle dans le choix des stagiaires, ni aucun contact avec eux avant le début de la formation. Le DAS avait donné à ces derniers les lignes générales de la formation, quoique de manière sommaire (il prétendait que cela ne sert à rien d'expliquer longuement à quelqu'un le goût de la confiture de groseille : il vaut mieux lui en faire manger, sans attendre !). De même, volontairement, il n'avait pas été très précis sur les raisons du choix des stagiaires ni sur le but de la formation (se réservant de les évaluer selon leur degré d'investissement et de progression), de sorte que presque jusqu'au bout de la formation certains pensaient que leur présence était due à une défiance de la part de leur hiérarchie (une formation sanction, en somme). De la longue analyse[151] à laquelle a donné lieu cette expérience, relevons les enjeux de chaque partenaire et les stratégies pour tenter de les satisfaire.

« Si les enjeux de chacun sont bien différents, chacun cherche pourtant à constituer avec l'un des deux autres partenaires des coalitions contre le troisième, avec l'espoir que cela l'aidera à échapper à l'emprise réelle ou supposée de ce dernier. Ainsi, on verra les formateurs se coaliser avec les stagiaires pour tenter de refuser au commanditaire certaines informations, avec l'idée que cela fait partie de leur autonomie pédagogique ou, à d'autres moments, les mêmes formateurs lâcher sur les stagiaires des informations qui pousseront le commanditaire à faire une sorte de « mise au point » avec les stagiaires. On verra les stagiaires faire sentir aux formateurs que ce qui importe pour eux c'est moins leur jugement de formateurs que celui du DAS ; ou, à d'autres moments, ces mêmes stagiaires s'efforcer de gagner la « compréhension » des formateurs en leur brossant un tableau bien noir de leur entreprise ou des intentions du DAS. On verra

151 Guy Le BOUËDEC (dir.), *Les défis de la formation continue*, Paris, L'Harmattan, 1988.

le commanditaire tenter d'annexer les formateurs en leur demandant des informations et des appréciations sur les stagiaires ou, à d'autres moments, en demandant aux stagiaires ce qu'ils pensent des formateurs »[152]. On verra aussi le DAS remplacer d'autorité un formateur qui, selon lui, ne faisait pas l'affaire car trop « théorique »[153] !

La situation évoquée ici a été bien analysée en sociologie[154]. Elle illustre un phénomène général : dans toute organisation on note une double rationalité, d'une part celle de l'organisation elle-même avec ses objectifs et ses valeurs, (c'est la rationalité dite « officielle ») et d'autre part celle des employés de cette organisation (la rationalité « informelle ») dont les enjeux ne peuvent s'identifier que partiellement à ceux de l'organisation, malgré les efforts de celle-ci pour promouvoir « l'esprit maison ». Ajoutons que dans le cas présent, à ces deux rationalités se mêle celle des formateurs, laquelle ne saurait correspondre à celle du commanditaire malgré la longue préparation commune et quoi qu'en imaginent les stagiaires, ni évidemment à celle des stagiaires eux-mêmes.

On peut penser, pour l'avoir observé sur cinq promotions de futurs cadres bancaires, que si la triade (commanditaire, formateur, stagiaires) avait fonctionné à ce premier niveau, la suite aurait révélé moins de résistances de la part des stagiaires et moins d'efforts de la part des deux autres partenaires pour « tirer » le groupe jusque vers la fin de la formation.

---

152 Guy Le BOUËDEC (dir.), *Les défis de la formation continue*, p. 14-15.

153 Ibid., p. 48.

154 Michel CROZIER, *Le phénomène bureaucratique*, Paris, Le Seuil, 1977.

2.2 Quand le commanditaire ne joue pas son rôle, le couple « formateurs-stagiaires » s'autonomise

Le second exemple concerne le recrutement d'enseignants destinés à devenir chefs d'établissements scolaires ; cette formation avait lieu au sein de l'Ispec[155] (Institut Supérieur pour la promotion pédagogique et professionnelle dans l'Enseignement catholique).

> L'Ispec a été fondé en 1972 à Angers par le Secrétariat Général de l'Enseignement Catholique, le SGEC, avec pour mission essentielle de former les futurs chefs d'établissements de l'Enseignement catholique. Il était dirigé par un Conseil d'administration tripartite comprenant le pouvoir institutionnel (SGEC et directeurs diocésains), le pouvoir financier, l'UNAPEC (organisme de gestion des fonds de formation versés par l'Etat) et les syndicats d'enseignants et de chefs d'établissements, que nous nommons ici ou là le pouvoir professionnel. Institut de formation, l'Ispec comprenait une équipe stable de direction et de formateurs permanents, un appareil de gestion administrative et financière, des locaux en propre, un projet de formation, bref, les différents éléments d'une autonomie pédagogique. Les avatars de cet Institut renvoient clairement à une série de dysfonctionnements triadiques, lesquels sont à l'origine de sa disparition (il a été fermé en 2006).

Bien que l'Enseignement catholique (ci-après EC), au niveau diocésain, ne soit pas un organisme employeur à proprement parler, il se trouve cependant que les Directeurs diocésains peuvent être ici appelés commanditaires. En effet, ce sont eux qui, pour une part décisive, ont la main sur le choix des chefs d'établissements. De ce fait, on pouvait s'attendre à ce qu'ils fussent soucieux, voire sourcilleux, du choix et de la formation des enseignants qui seront ensuite leurs chefs d'établissements. Or, paradoxalement, cela n'a guère été le cas. Le plus souvent, ils se sont satisfaits de candidatures spontanées, sans politique

155 LE BOUËDEC Guy, BRUEL Edouard & NIGET André, *Qui doit former les cadres de l'Enseignement catholique ? Les défis de l'Ispec*. Paris, L'Harmattan, 2011.

volontariste, laissant l'organisme formateur gérer cette situation, c'est-à-dire, accepter ou refuser les candidats selon ses critères.
Les Directeurs diocésains, il est vrai, étaient quelque peu attentistes, parfois mêmes critiques ; leur culture, fortement marquée encore en ces années soixante-dix par les habitudes cléricales ou religieuses, ne les poussait pas à utiliser la formation pour optimiser leurs choix ; eux-mêmes se posaient des questions sur l'opportunité de l'existence même de l'Ispec, sur le profil des formateurs qui y travaillaient ou… des stagiaires qui en sortaient ! On peut dire qu'ils avaient adopté de fait la politique du « vivier », expression qui revient à dire en substance à l'Ispec : « Formez toujours ; nous choisirons ensuite qui nous convient ».
Posture apparemment de luxe, mais en fait lourdement pernicieuse du point de vue du fonctionnement institutionnel et éthiquement douteuse s'agissant du management des hommes. En étant « absents » de la triade, ils ont laissé le couple « formateurs- stagiaires » faire son affaire de l'année de stage, comme cela est clairement montré dans l'analyse des premières années[156]. Ainsi, les documents d'archives font état de comptes-rendus d'assemblées générales de stagiaires, avec voix délibérative, de motions remises à la Direction de l'Ispec et portant sur la question centrale : « Qu'est-ce qui est fondamental pour l'Ispec et essentiel pour notre formation ? » Sous un certain angle on peut certes se réjouir de voir des stagiaires devenir ainsi acteurs autonomes de leur formation, sinon prescripteurs ! Mais en même temps, on ne peut s'empêcher de penser qu'une « présence » du commanditaire aurait d'une part cassé le couple « formateurs-stagiaires » devenu pervers et permis l'apport d'éléments ajustés et décisifs à cette interrogation dont la réponse relève du pouvoir professionnel et du pouvoir institutionnel.
L'absence du commanditaire se traduira par une bourrasque qui a été à deux doigts d'emporter l'Institut au bout de cinq années. La lente remise sur rails restera marquée par cette faute originelle, tant les institutions ont du mal à apprendre de leurs échecs.

---

156 LE BOUËDEC Guy, BRUEL Edouard & NIGET André, *Qui doit former les cadres de l'Enseignement catholique ?*, p. 45-46.

Les deux exemples que nous venons de présenter ont en commun une sorte de mise à l'écart des stagiaires, malgré une attitude différente des commanditaires, l'un très présent, le second, complètement absent : on en voit les conséquences.

3. Que se passe-t-il dans les triades supérieures ?

Explorons encore le cas de l'Ispec. La triade dont nous venons d'examiner le dysfonctionnement est composée du commanditaire (les directeurs diocésains), du formateur (l'institut) et des (futurs) stagiaires. Ce n'est pas la triade de base, laquelle est composée du directeur de l'institut, des formateurs et des stagiaires, mais ce n'est pas non plus la plus élevée, celle-ci constitue proprement le niveau politique : elle est composée de ce que nous avons appelé le pouvoir organisateur ou pouvoir institutionnel (le Secrétaire général de l'EC, plus des représentants des Directeurs diocésains), le pouvoir professionnel (syndicats d'enseignants et de chefs d'établissement), et du pouvoir financier (l'UNAPEC).

De ce niveau politique est issu le pouvoir administratif et financier, composé de représentants de chaque élément de la triade et chargé de la gestion et du développement de l'Institut. La loi du « deux contre un » va s'y jouer sous forme de deux coalitions différentes.

3.1 Quand le pouvoir institutionnel laisse le pouvoir financier décider des orientations stratégiques

Un nouveau Secrétaire général de l'EC, lointain successeur du fondateur, peu au fait des questions de formation et pris lui-même dans d'autres négociations avec le Gouvernement et dès lors « absent », laissera le pouvoir financier (l'UNAPEC), majoritaire au conseil d'administration et confronté à une diminution de la subvention gouvernementale, prendre des orientations douteuses, comme par exemple, celle de demander à l'ISPEC de compléter sa propre autonomie financière et pour cela d'en tirer les conséquences par une diversification de ses activités.

On verra ainsi l'ISPEC, dont la mission phare, rappelons-le, était la formation des chefs d'établissements, mis en concurrence sur cette mission avec d'autres organismes universitaires de formation, sans que le pouvoir institutionnel trouve à redire. Cela aura pour conséquence la perte de parts importantes de ce marché et donc une plus grande aggravation de la situation financière, puis la recherche de formations qui n'avaient plus rien à voir avec sa mission de départ, ainsi que l'aurait fait n'importe quelle officine pour survivre.

On verra l'ISPEC, dans une fuite en avant, proposer d'occuper le terrain en envoyant ses formateurs dans toutes les régions de France, voire à l'étranger (Liban) pour remplir sa mission. Cette fragile décentralisation (car non pensée politiquement) se traduira par une dispersion des énergies et une altération des dispositifs pédagogiques qui faisaient la renommée de l'Ispec et, paradoxalement, du fait de la concurrence, une diminution des ressources financières.

On voit que l'absence du pouvoir institutionnel (l'organisateur) en signant de fait, par son absence, l'absence d'une politique de formation de ses cadres, laisse le pouvoir financier faire ce qu'il sait faire, à savoir adopter comme exigence politique l'équilibre budgétaire !

3.2 Quand le corporatisme professionnel profite de l'absence du pouvoir institutionnel et de la faiblesse du pouvoir financier pour faire son jeu propre

Les syndicats de chefs d'établissements n'avaient manifesté, depuis le début, qu'une adhésion mesurée à la création de l'Ispec ; au minimum pour la raison qu'ils n'en avaient pas la maîtrise d'œuvre, car ils redoutaient l'autonomie pédagogique de l'Institut ; au mieux parce qu'ils pensaient être bien placés, sinon seuls compétents, pour former leurs futurs pairs selon le profil qu'ils approuvaient.

Profitant de la quasi absence du pouvoir institutionnel ainsi que d'une fragilisation du pouvoir financier du fait d'une diminution régulière des subventions de formation accordées par l'Etat, ces syndicats vont créer leur propre structure de formation des chefs d'établissements, l'ASFODEL[157], y dispensant une formation à caractère essentiellement technique (comptabilité, droit…), sur

[157] ASsociation de FOrmation des Directeurs de l'Enseignement Libre.

une durée beaucoup moins longue et pour des coûts de journée ridiculement bas en comparaison de ceux que devait pratiquer l'ISPEC pour assurer son équilibre (salaires et frais de structures).
Le pouvoir financier vit là une opportunité de se maintenir et pria l'ISPEC d'aligner ses tarifs sur ceux de la concurrence. C'était évidemment sonner le glas de l'Ispec !
Le pouvoir institutionnel, qui s'était ressaisi, ne put que constater la dégradation de la situation et prendre la décision de faire cesser ce désordre : fermer l'ISPEC et repartir sur d'autres bases ; ce qu'il fit en créant une instance nouvelle : l'Ecole des Cadres Missionnés.
Ces différents « accidents » montrent à l'évidence que l'articulation triadique, à tous les niveaux hiérarchiques et sans doute aux plus élevés, est un combat jamais complètement gagné et que des enjeux positifs sont toujours en voie de se transformer en défis potentiellement insurmontables.

Conclusion

Ces exemples suffiront, pensons-nous, à faire toucher du doigt les enjeux considérables mais aussi les défis redoutables qui sont inhérents à l'articulation triadique en formation d'adultes. Enjeux et défis qui, pour chaque partenaire, obéissent à des rationalités divergentes et que chacun ne consentira à négocier que pour de puissantes raisons. Tout se passe dans ces triades comme si les forces centrifuges en œuvre finissaient le plus souvent par faire éclater les institutions de formations d'adultes au bout d'une ou deux décennies, ainsi que l'illustrent beaucoup de situations, dans toutes sortes de milieux.
Ne reste-t-il comme issue qu'à penser et organiser la formation selon la seule logique d'autorité, laquelle s'exerce, comme on le sait, sur une ligne hiérarchique qui va du commanditaire au formateur exécutant et de celui-ci au stagiaire docile ? Logique d'autorité et donc de formatage et de conformisation ! Sauf que cette logique est contradictoire avec les visées éthiques d'autonomie et de développement affichées par ailleurs !
Ou alors faut-il que ces partenaires, à commencer par les plus puissants, soient à ce point vertueux, lucides et modérés sur leur

rapport à leur pouvoir, à leurs idées ou à leurs intérêts, pour qu'on puisse attendre d'eux une réelle et constante volonté de négociation ? En somme, entre imposition hiérarchique et naïveté, quelle issue ?

Comme dans toute situation où des points de vue opposés s'affrontent, celle qu'on esquisse sera modeste et fragile, mais pas plus que ce qui prévaut dans les traités, contrats et conventions de toutes natures et dont on voit souvent qu'ils régulent de manière satisfaisante les relations entre deux ou plusieurs parties.

Nous posons donc que des formations d'adultes d'une certaine ampleur peuvent et doivent être dotées de procédures de fonctionnement tripartite ayant reçu l'accord de chacune des parties et sans doute élaborées entre elles auparavant ! Aux échelons les plus bas cela existe déjà : on appelle cela le règlement intérieur de la formation (prévu par les dispositions règlementaires). Celui-ci peut prévoir, entre autres dispositions, des rencontres de régulation tripartites sur des objets précis relevant de sa compétence et donnant lieu à des délibérations exécutoires.

Naturellement, de telles instances peuvent aussi fonctionner avec la langue de bois et suivant la loi, implicite ou non, du « deux contre un ». Voilà pourquoi, le règlement peut prévoir la présence d'un « quatrième mousquetaire » (consultant) qui sera le garant d'un fonctionnement méthodologique équilibré. Quatrième mousquetaire dont la crédibilité et l'efficacité tiennent à une volonté du commanditaire, résolu à jouer le jeu de la triangulation et à y mettre le prix : condition indispensable car signe d'une volonté politique claire ! Plus on monte dans les strates de la hiérarchie où se pensent et se prennent les orientations politiques et stratégiques, plus la présence contractualisée de ce quatrième mousquetaire se fait indispensable.

Qu'il soit bien clair, enfin, que ce dispositif, trop brièvement présenté ici, ne doit pas être pensé comme une abolition des statuts et rôles institutionnels ni une dilution des responsabilités : le commanditaire reste le commanditaire et prend les décisions qui relèvent de son statut, le Conseil d'administration continue d'exercer ses pouvoirs, etc. Ce qui change, mais ce n'est pas rien, réside en amont, dans la préparation de ces décisions et répond à deux questions toute simples : comment préparer et conduire ces actions de la manière la plus ajustée qui soit pour que chaque partenaire soit traité en même temps comme une fin et jamais simplement comme un moyen ? Comment gérer cet espace de triangulation pour qu'il soit, non une arène de compétition voire de mise à mort, mais un lieu d'élaboration collective ?

Comment articuler les différents axes et les différents partenaires d'une formation chrétienne d'adultes ?

Jean Joncheray

Je vais me référer à la double triade, que Guy Le Bouëdec a proposée et analysée, pour étudier la question qui m'est posée : comment ces triades peuvent-elles s'articuler correctement dans une formation chrétienne d'adultes, dans l'institution ecclésiale. Puis je me risquerai ensuite à une suggestion…

1. La prise en compte d'une double triade

Il y a en effet, à mon avis, dans la contribution de Guy Le Bouëdec une double triade, au moins. D'abord une triade de partenaires : les adultes en formation, l'institution commanditaire et l'équipe de formateurs. Une triade qui peut être encore enrichie par l'introduction d'autres partenaires. Mais j'ai repéré aussi une autre triade, celle des trois axes qu'il dégage quant à l'enjeu de leur articulation : l'axe du développement personnel, l'axe du développement professionnel et l'axe institutionnel.

1.1 Trois axes à prendre en compte dans la formation

Si je commence par ces trois axes, il me semble que je peux les traduire de la façon suivante dans le champ ecclésial de la formation d'adultes.

1. **L'axe du développement personnel**, ce pourrait être la prise en compte de la foi personnelle de chacun, à conforter, chacun étant invité à devenir « disciple » – ou « sujet croyant ». Cet axe-là me semble prioritaire dans la problématique de notre colloque. Il rejoint, a-t-on dit, les attentes des stagiaires, lesquels ont besoin

de découvrir et d'affermir leur foi dans un contexte de dispersion, voire d'éclatement. Chacun a besoin d'unifier sa personnalité. Et cette tâche est permanente. L'unification n'est pas donnée au départ, comme lorsqu'on imaginait la croissance des personnes à l'abri d'un environnement porteur, chacun étant assuré et rassuré par une appartenance unique. La tâche ne sera donc pas terminée avec la fin d'une séquence de formation. C'est tout au long de la vie, en racontant sa vie, qu'on l'unifie, qu'on lui donne du sens.

Je placerais volontiers ici le mot « conversion » avec un point d'interrogation cependant : on peut constater des transformations très diverses, lesquelles seront à considérer comme des conversions ? Et la conversion, surtout si on parle de la conversion à l'Evangile, se déroule, elle aussi, tout au long de la vie, elle ne peut être donnée au terme d'une phase particulière. Elle reste le mystère de la personne. Elle ne peut être programmée par une formation, fût-elle pleinement ecclésiale. Elle échappe à nos prévisions et programmes. Que la conversion ne soit jamais terminée, l'exhortation apostolique *La joie de l'Evangile* nous le rappelle avec force, non seulement la conversion personnelle, mais la conversion de l'Eglise elle-même. Et le pape François évoque toutes les composantes de l'Eglise, depuis la paroisse, jusqu'à la papauté, qui, dit-il, doit elle aussi se convertir (*EG*, n 32).

2. **L'axe du développement professionnel**. Ici, une question se pose. Les formations de laïcs en Eglise doivent-elles développer chez eux des compétences professionnelles ? Certains récuseront le terme. Pourtant, il me semble pouvoir m'appuyer sur une expression largement employée dans les documents du pape François pour suggérer quelque chose qui aurait à voir avec cette dimension. Il est demandé en effet de favoriser la croissance de « disciples missionnaires », selon l'expression de *La joie de l'Evangile*, au n°24. C'est le mot « missionnaire » qu'il me semble nécessaire de prendre en compte ici. Pour le pape François, tout disciple se doit d'être missionnaire et c'est à tout disciple et pas seulement à certains qu'est confiée la mission

d'évangéliser[158]. Bien sûr, il ne s'agit pas ici d'une mission « spéciale » qu'on recevrait à titre personnel, mais de la participation à la mission de toute l'Eglise. Cependant, si chaque baptisé est, en quelque sorte, « chargé de mission », encore faut-il que lui soit précisé ce qu'on attend de lui. Le mot compétence est peut-être trop fort, ainsi que le mot « professionnel », mais il y a bien, me semble-t-il, quelque chose de cet ordre-là, que toute formation de laïc chrétien doit prendre en compte. En effet, quel style d'évangélisation attend-on aujourd'hui dans le monde contemporain, puisqu'on évoque une nouvelle façon d'évangéliser, une nouvelle évangélisation ? J'y reviendrai.

L'expression « agents pastoraux » n'est pas à remiser comme étant un langage périmé, si j'en crois la même exhortation, qui développe au cours de 34 vigoureux paragraphes (76 à 109) « *Les tentations des agents pastoraux* » ! Ne serait-ce pas une autre tentation que d'imaginer qu'on peut échapper à toutes ces tentations en prétendant qu'il n'y a plus d'agents pastoraux ? Certes, et le pape y insiste fortement, ce sont bien tous les baptisés qui, au titre de leur baptême se doivent d'être missionnaires. Mais, dans l'Eglise, quelques-uns parmi les baptisés y sont engagés à un titre particulier. Comment articuler cette participation « différenciée » à la mission de tous ? La question de l'articulation entre tous et quelques-uns n'est pas nouvelle. Lorsque les évêques de France affirmaient, en 1973 « Tous responsables dans l'Eglise ? » et évoquaient la « coresponsabilité », le père Yves Congar suggérait qu'on devrait parler de « coresponsabilité différenciée »[159]... S'agissant d'une formation chrétienne des adultes, surtout si elle est assez consistante, on ne peut pas évacuer purement et simplement la façon particulière dont ces adultes formés seront amenés ensuite à porter, pour leur part, la responsabilité commune, la mission

---

158 « *Tout le peuple de Dieu annonce l'Evangile* » (*EG*, n 111), « *Nous sommes tous des disciples missionnaires.* » (*EG*, n 119).

159 [ASSEMBLÉE PLÉNIÈRE DE L'EPISCOPAT FRANÇAIS] *Tous responsables dans l'Eglise ? Le ministère presbytéral dans l'Eglise tout entière 'ministérielle'*, , Lourdes, Centurion, 1973. « Coresponsabilité différenciée » est une expression proposée par le P. Yves CONGAR, p. 61.

commune. Que deviendra leur façon propre d'être des disciples « missionnaires », voire des « agents pastoraux » ?
3. **L'axe institutionnel**. Il découle directement de la prise en compte du deuxième axe. Je parlerais volontiers ici de la reconnaissance des stagiaires par l'institution ecclésiale à l'issue de leur formation. On voit bien que sur ce point aussi, il peut y avoir des difficultés à prendre en compte cette dimension, tant au plan local qu'à un plan plus général, diocésain par exemple. Comment des laïcs, à l'issue de leur formation, sont-ils reconnus, intégrés, dans la vie des lieux d'Eglise où ils sont situés ou dans lesquels ils seront ensuite envoyés ? Ce n'est pas une question uniquement institutionnelle. Il y va de l'accueil, « sur le terrain », de ce qu'ils sont devenus, dans leur foi et dans la façon dont ils peuvent et souhaitent en rendre compte. Mais, bien sûr, le rôle des responsables locaux, curés, évêques, et autres « agents pastoraux » est ici déterminant. Et cela rejaillit sur les motivations qu'on peut avoir de se former, sur l'organisation même de la formation, sur sa légitimité reconnue ou non par les 'commanditaires' de cette formation. Que se passerait-il, en l'absence d'une instance commanditaire clairement identifiée, si une équipe de formateurs s'autonomisait complètement ? Ou au contraire si l'instance ecclésiale commanditaire n'accordait aucune autonomie à l'équipe des formateurs ? Ou encore si les équipes pastorales locales ne portaient aucune attention au fait que certains de leurs membres soient formés ou non ? Cela nous amène directement à la triade des partenaires.

1.2 Une triade de partenaires : adultes en formation, institution commanditaire, équipe de formateurs

Je me suis d'abord demandé si les deux triades ne pouvaient pas se recouvrir plus ou moins : les adultes en formation ne sont-ils pas intéressés d'abord par leur formation personnelle ? L'institution ecclésiale commanditaire par leur intégration institutionnelle ? Et l'équipe des formateurs et/ou les personnes déjà passées par la formation, par les compétences acquises ? Mais il n'en va pas ainsi, ce serait une caricature. Sans compter le fait que l'on est obligé de placer ici un autre instance partenaire, celle des futurs « collègues » sur le terrain pastoral,

plus facile à situer à cet endroit que l'équipe des formateurs, comme un troisième (ou quatrième) partenaire.
Plus encore, ce serait un piège de laisser croire que l'un des partenaires pourrait s'identifier à l'un des axes. Comme si les adultes ne s'intéressaient qu'au développement de leur foi, les responsables institutionnels uniquement à leur intégration ecclésiale, et les formateurs uniquement à leurs compétences ! Mais ce serait pire encore de laisser croire qu'un des partenaires pourrait s'identifier à l'ensemble des axes et prétendait les maîtriser à lui tout seul. Guy Le Bouëdec parlerait alors d'un « autoritarisme manipulateur ». Imagine-t-on que l'équipe des formateurs puisse prétendre avoir une maîtrise parfaite de la démarche de conversion demandée aux stagiaires, et aussi bien de la façon dont ils peuvent et doivent s'intégrer ensuite dans leurs lieux d'Eglise ? Que se passerait-il si l'autorité institutionnelle commanditaire prétendait contrôler du début à la fin tout le processus de formation ? Certes, l'évêque est à la fois enseignant et pasteur. Mais il ne peut tout faire par lui-même. Il confie des missions particulières à des personnes sur lesquelles il continue à exercer une vigilance (veiller sur = *episcopein*, prendre soin ; veiller à = *curare*). Et il reçoit aussi les fruits que l'Esprit produit dans le peuple qui lui est confié. Selon le pape François, l'évêque n'a pas toujours à être devant : « Parfois il se mettra devant pour indiquer la route et soutenir l'espérance du peuple, d'autres fois il sera simplement au milieu de tous dans une proximité simple et miséricordieuse, et en certaines circonstances, il devra marcher derrière le peuple, pour aider ceux qui sont restés en arrière » (*EG*, n 31). On peut dire aussi que traditionnellement, dans les instances de formation que sont les séminaires, on distingue entre le for interne et le for externe, ce dernier seulement relevant de la responsabilité de l'équipe de formation, et le premier de l'accompagnateur spirituel.
Il est donc finalement prévisible, comme le signale par ailleurs Guy Le Bouëdec, qu'une formation intégrée, ce sont « *des tensions à honorer*[160]. » Et il vient de nous montrer, par des

---

160 Guy Le Bouëdec & Bernard Mercier (dir.), *Formation chrétienne des laïcs. Un développement unifié de la personne*, Angers, CRER, 2007, p. 30.

exemples concrets, comment ces tensions peuvent être parfois constructives, mais qu'elles sont aussi des défis, et peuvent amener à l'extinction de certaines entreprises de formation. Déposer trop vite ces tensions, les éliminer en prétendant les avoir dépassées ou résolues, ce serait vraisemblablement imposer une vision réductrice de la formation, voire éliminer un des partenaires obligés de cette formation. En ce sens, la prise en compte des personnes en formation elles-mêmes, par la problématique de notre colloque, est de bon augure, dans la mesure où elle ne prétend pas minimiser les autres points de vue. Dans ces conditions puis-je aller plus loin et proposer des solutions concrètes pour l'organisation de formations chrétiennes d'adultes ? Je ne le pense pas. Je n'ai ni le temps ni les éléments nécessaires pour passer au crible les formations existantes et y déceler des points positifs et des points négatifs. Mais surtout, je pense que la prise en compte des tensions est un travail qui n'est jamais terminé, car les tensions se renouvellent constamment. Chaque formation est située dans un contexte particulier, avec ses contraintes et ses atouts. La première chose à faire c'est donc de repérer les partenaires effectivement engagés dans une action de formation ou qui devraient l'être.
Il faudrait, pour avancer dans cette direction, dessiner le « champ de la formation » avec un schéma complexe mettant en relation au moins cinq éléments :

- Les instances commanditaires, qui peuvent être d'une part un diocèse ou un ensemble de diocèses, voire une commission épiscopale de la Conférence des Evêques de France, et d'autre part, éventuellement, une Université catholique ;
- Les équipes de formateurs, qui peuvent dépendre, par le biais d'un diocèse, d'un Service de Formation Permanente ou par le biais d'une Faculté de Théologie, d'un Institut spécialisé… ou encore croiser, à l'intérieur de l'équipe un certain nombre de compétences obtenues par des parcours universitaires divers ;
- Les instances, représentatives ou non, des Laïcs en Mission Ecclésiale (LEME), formant éventuellement un « corps », ou aspirant à le former…

- Les instances pastorales concernées par l'accueil des personnes ayant suivi une formation : diocèses, paroisses, services…
- - Et bien sûr les adultes en formation eux-mêmes, voire les anciens stagiaires, s'ils continuent à se rencontrer.

On voit bien que les situations sont différentes d'une réalité à une autre. Les profils des parcours de formation proposés seront, en conséquence, différents.
C'est donc dans chaque cas particulier, dûment analysé, quand les différents partenaires auront été bien identifiés, que devra se mettre en place une instance de régulation comprenant l'ensemble des partenaires concernés. Comme l'a indiqué Guy Le Bouëdec, en parlant des enjeux et des défis de l'articulation triadique, faute d'une telle instance, des alliances mal contrôlées se mettront informellement en place, éliminant certains partenaires (le « deux contre un » !), ou pire, l'instance « supérieure » aura tendance à ne pas tenir compte des autres.
Dans un deuxième temps, je propose seulement une suggestion qui pourrait, sans doute être utile, quelle que soit la situation.

2. La formation chrétienne des adultes comme style

Comment le message de l'Evangile pourrait-il permettre une entrée originale dans la problématique de la formation ? Je me suis laissé interroger par la façon dont la constitution *Dei Verbum* du Concile Vatican II présente la Révélation : Voici ce qui est dit au § 2 :

> « Nature de la Révélation
> Il a plu à Dieu dans sa bonté et sa sagesse de se révéler en personne et de faire connaître le mystère de sa volonté (cf. Ephésiens 1, 9) grâce auquel les hommes, par le Christ, le Verbe fait chair, accèdent dans l'Esprit Saint, auprès du Père et sont rendus participants de la nature divine (cf. Ephésiens 2, 18 ; 2 Pierre 1, 4). Par cette révélation, le Dieu invisible (cf. Colossiens 1, 15 ; 1 Timothée 1, 17) s'adresse aux hommes en son surabondant amour comme à des amis (cf. Exode 33, 11 ; Jean 15, 14-15), il s'entretient avec eux (cf. Baruch 3, 28) pour les inviter et les admettre à partager sa propre vie. Pareille économie de

la Révélation comprend des actions et des paroles intimement liées entre elles, de sorte que les œuvres, accomplies par Dieu dans l'histoire du salut, attestent et corroborent et la doctrine et le sens indiqués par les paroles, tandis que les paroles proclament les œuvres et éclairent le mystère qu'elles contiennent. La profonde vérité que cette Révélation manifeste, sur Dieu et sur le salut de l'homme, resplendit pour nous dans le Christ, qui est à la fois le Médiateur et la plénitude de toute la Révélation. »

Il est question, dans ce texte, de l'accès que nous pouvons avoir à la Vérité : Dieu ne nous révèle pas seulement des choses à croire, il se révèle 'en personne'. La Révélation qu'il nous fait de lui-même (auto-révélation) se fait dans une relation avec lui, que le Concile qualifie d'amicale, dans un entretien et le partage de sa propre vie. Il s'agit donc d'un accès à la Vérité médiatisé par la rencontre avec une Personne, le Christ, qui est pour le disciple « Voie, Vérité et Vie ». De plus, dans ce même passage, le Concile nous rappelle que l'économie de la Révélation comprend « des actions et des paroles intimement liées entre elles », qui renvoient des unes aux autres, qui s'éclairent mutuellement. Christoph Theobald, présentant ce document conciliaire sur la Révélation, dit, que de Vatican I à Vatican II, on est passé du modèle de l'instruction à celui de la communication[161].

N'y aurait-il pas là un « style » capable d'inspirer toute pratique de formation chrétienne – voire toute pratique de formation, tout simplement ? Je n'hésiterais pas à parler de partenariat. Certes, la relation n'est pas entièrement « réciproque ». C'est bien Dieu qui a l'initiative, qui nous a aimés le premier. Mais pourtant, on peut dire aussi que Dieu accepte, en nous proposant « l'alliance » d'entrer dans une certaine réciprocité avec nous. Je m'appuie sur Saint Bernard pour risquer cette expression. Saint Bernard va, en effet jusqu'à dire :

---

161 Christoph THEOBALD, *La Révélation, Tout simplement* 32, Paris, éd. de l'Atelier, 2002, p. 41. « *Le texte de 1965 s'organise, quant à lui, à partir d'un modèle de 'communication' : la relation entre Dieu et les hommes, tout comme la relation entre l'Eglise et la société, sont conçues sous forme de 'dialogue', et l'obéissance est comprise comme capacité d'écoute (n° 5)* »

> « De tous les mouvements de l'âme, de ses sentiments et de ses affections, l'amour est le seul qui permette à la créature de répondre à son Créateur, sinon d'égal à égal, du moins dans une **réciprocité** de ressemblance. (…) L'amour de l'Epoux, ou plutôt l'amour qu'est l'Epoux, n'attend qu'un **amour réciproque** et la fidélité.[162] »

Toutes proportions gardées bien sûr, je pense que « la relation éducative est une relation, certes asymétrique… mais non une relation à sens unique ; Une volonté d'influencer… qui s'oriente vers un effacement », comme nous l'avions écrit naguère dans un groupe de recherche. Et nous suggérions même que « nous pouvons considérer l'histoire des rapports entre Dieu et l'humanité comme un paradigme de l'action éducative[163] » !

Une éthique de la pratique éducative… je dirais volontiers, en reprenant un mot qui se répand aujourd'hui : la formation chrétienne comme style. C'est une référence aux deux tomes de Christoph Theobald : *Le christianisme comme style*[164]. L'expression a été reprise aussi lors d'un colloque publié sous la direction de Joseph Famerée : *Vatican II comme style*[165]. Mais le pape François lui-même, dans *La joie de l'Evangile,* parle d'un « style évangélisateur » (*EG*, n 18). Parlant de la pastorale en termes missionnaires, il dit : « J'invite chacun à être audacieux et créatif dans ce devoir de repenser les objectifs, les structures, le style et les méthodes évangélisatrices de leurs propres communautés » (*EG*, n 33). Il parle aussi d'un art de l'accompagnement d'un art de l'écoute (*EG*, n169 et 171). Et enfin, il nous invite à nous référer au style qui a marqué la vie de Jésus :

---

162 Saint Bernard, *Sermon sur le Cantique des Cantiques*, Office des Lectures du 20 août, fête de St Bernard.

163 Xavier THÉVENOT & Jean JONCHERAY (dir.), *Pour une éthique de la pratique éducative,* Paris, Desclée, 1991, p. 12-18.

164 Christoph THEOBALD, *Le christianisme comme style. Une manière de faire de la théologie en postmodernité,* 2 T., *Cogitatio Fidei* 260-261, Paris, Cerf, 2007

165 Joseph FAMERÉE (dir.), *Vatican II comme style. L'herméneutique théologique du Concile*, Paris, Cerf, 2012, p. 9 *: « Le style de Vatican II est effectivement une manière d'interpréter les Ecritures et la Tradition chrétienne, une manière de se rapporter au Christ Jésus hic et nunc, à partir du monde contemporain.* »

« Le don de Jésus sur la croix n'est autre que le sommet de ce style qui a marqué toute sa vie » (*EG*, n 269).

Articulant des paroles et des actes, comme le note *Dei Verbum*, la « pédagogie » de Jésus, dans son style, dans sa façon d'être, permet à ceux qu'il rencontre de grandir en humanité[166]. Il entre en dialogue, en écoutant, en interrogeant avant de parler : « De quoi discutiez-vous en chemin » dit-il aux disciples d'Emmaüs (Luc 24,17). « Donne-moi à boire », dit-il à la femme de Samarie (Jean 4,7)[167]. Il chemine avec ceux qu'il rencontre. C'est une relation grâce à laquelle chacun trouve *sa* voie, une réponse – ou beaucoup plus qu'une réponse – à ses questions personnelles, qui du fait se trouvent transformées (cf. « Qui est mon prochain ? » Luc 10, 29). A la question du jeune homme riche, la proposition de Jésus (Matthieu 19,21) est plus radicale que celle que lui fait Zachée, et que Jésus accueille pourtant (Luc 19,9). Car s'il y a un appel « viens, suis-moi », il y a parfois un renvoi : « Retourne dans ton village » (Cf. le possédé gérasénien, Luc 8,39)

Ce « style » n'est donc pas une option pédagogique facultative. L'appel à la liberté fait partie du message, et doit se traduire dans la proposition de formation. Si, par exemple, le style de formation imposait une discipline non consentie ou non comprise, elle serait en contradiction avec cet appel. La distance critique, qui fait partie de la formation, garantit aussi la possibilité d'une libre adhésion croyante au message de Jésus-Christ. De même, la distance ou la distinction, instituée, entre le responsable pastoral, l'accompagnateur spirituel et le responsable d'une formation.

---

166 Cf. Christoph THEOBALD, *Présences d'Evangile. Lire les Evangiles et l'Apocalypse en Algérie et ailleurs*, Paris, éd. de l'Atelier, 2003, p. 41 : « Un certain nombre de personnes qui croisent le chemin de Jésus accèdent à leur humanité sans pour autant devenir ses disciples ».

167 C'est à cette rencontre que se réfèrent les évêques du Synode sur la Nouvelle Evangélisation, au début de leur message au peuple de Dieu : « Nous nous laissons illuminer par une page de l'Évangile : la rencontre de Jésus avec la Samaritaine au puits de Jacob (cf. Jean 4,5-42). Il n'y a pas d'homme ou de femme qui ne se trouve, à un moment de sa vie, comme la femme de Samarie, près d'un puits avec une cruche vide et l'espérance de trouver la réalisation de l'aspiration la plus profonde du cœur, la seule qui puisse donner sa pleine signification à l'existence (…) Comme Jésus au puits de Sychar, l'Église aussi ressent le devoir de s'asseoir aux côtés des hommes et des femmes de notre temps, pour rendre présent le Seigneur dans leur vie, afin qu'ils puissent le rencontrer. » Message du Synode des Évêques au Peuple de Dieu, octobre 2012.

C'est ce que je souhaite suggérer à la fin de ce parcours : une formation d'adultes, pour se présenter comme chrétienne doit pouvoir s'inscrire précisément dans le style par lequel Jésus a vécu sa mission, sa relation avec son Père et ses frères, style que l'Eglise dans son ensemble, et chaque chrétien en particulier, ne peut que suivre. La suite du Christ : un mode de vie, une façon de vivre, une façon d'être. C'est donc bien un rapport pédagogique qui est en jeu, mais pas seulement. C'est toute une façon de théologiser aussi qui est appelée à prendre corps dans les moyens que se donne une formation chrétienne. Et de là découlent un certain nombre d'effets attendus. Catherine Chevalier, dans sa thèse, insiste sur le fait que la Révélation et partant, le savoir théologique, c'est un processus relationnel[168]... Cela concerne aussi bien la relation qu'on entretient avec Dieu que celle qu'on entretient avec les frères, les deux étant indissociables, comme le sont le premier et le second commandements.

Entrer dans une instance de formation chrétienne, comme formateur, comme personne en formation, comme commanditaire ecclésial, c'est alors entrer dans un type ou un style de relation, celui-là même que la Bible et l'Evangile nous proposent. L'Eglise a toujours à se convertir pour vivre selon ce style... ne serait-ce, par exemple, que pour articuler harmonieusement trois types d'autorité : personnelle, collégiale et communautaire (ou synodale), comme le proposait le document œcuménique de Lima *Baptême, Eucharistie Ministère*[169].

Ce style n'est pas acquis d'avance, il n'est pas donné au départ, il est visé, envisagé comme un horizon, comme une entrée dans le style qui a marqué la vie, la mort et la résurrection de Jésus-

---

168 Catherine CHEVALIER, *Enjeux théologiques des parcours de formation de laïcs à la responsabilité ecclésiale.* Thèse présentée en 2012 au Theologicum de l'Institut Catholique de Paris et à la Faculté de théologie de l'Université catholique de Louvain (la Neuve), p. 135 : « *Abandonner une conception objective des contenus de la foi pour aborder ceux-ci en termes de mise en relation.* »... « *la vérité conçue comme l'expérience d'une relation avec un Autre.* » ; p. 161 : « *Il faut abandonner cette conception objective des contenus de la foi pour aborder ceux-ci en termes de mise en relation avec l'Autre de la foi et avec les autres de la communion ecclésiale.* »... tout cela, p. 10 : « *dans la perspective d'une mise en relation avec le mystère de la foi* ».

169 FOI ET CONSTITUTION, *Baptême, Eucharistie, Ministère*, Le Centurion, Les Presses de Taizé, 1982, p. 64.

Christ. J'essaie d'en décliner quelques aspects, concernant la formation :

- - Former des chrétiens, c'est leur permettre d'entrer dans un style de relations où « quelques-uns » sont au service de « tous »… pour signifier que le groupe qu'ils forment est un « cercle ouvert », avec une brèche à garder ouverte, un lieu de passage, qui ouvre vers le Père, par le Christ, avec Lui, et en Lui, un lieu de passage de ce monde au Père… dans la foulée de Jésus qui passe de ce monde au Père, et qui fait passer le monde au Père.
- Former des chrétiens, que ce soit ou non en vue d'une responsabilité ecclésiale ne peut se faire que s'ils y grandissent dans la foi, s'ils y trouvent leur réponse personnelle à l'appel du Christ.
- Cela engage aussi bien une façon de faire de la théologie qu'un style de pédagogie, de rapport à la vie du monde, aux rationalités à l'œuvre dans ce monde.
- C'est aussi une façon de proposer la conversion… comme quelque chose qui reste de la responsabilité de chacun, dans le souffle de l'Esprit qui souffle où il veut. C'est donc un fruit toujours inattendu.
- Cela peut jouer aussi sur la façon d'articuler les responsabilités des différents partenaires, sans les tenir toutes dans la même main… une articulation entre divers axes et non une unification de ces axes autour d'un seul axe dont on aurait décidé qu'il résumerait tous les autres.
- Cela reste constamment à construire, ceci n'est donc pas un nouveau « paradigme », mais une simple suggestion.

Bien évidemment, cette référence à un « style » ne dispense pas de la mise en place d'une régulation, telle que celle que suggère le psychosociologue. Elle l'encourage au contraire si on ne veut pas que cela reste un vœu pieux. S'il en était autrement ce serait une façon peu convaincante de prétendre échapper aux contraintes de l'action et à la nécessité de prévoir la gestion des conflits toujours possibles. En s'imaginant pouvoir s'en dispenser sous prétexte qu'on n'est « pas du monde », on se condamnerait, en fait, à n'être plus du tout « dans le monde ». On refuserait de s'y reconnaître « situé ». Une « absence de situation » bien improbable, et pour tout dire « utopique » au sens premier du terme.

Quand former c'est aussi accompagner

Mgr Pascal Wintzer

C'est à un double titre que l'on a souhaité que j'intervienne. D'abord comme responsable de l'Observatoire Foi et Culture de la Conférence des évêques de France, une mission qui consiste à regarder et à écouter la culture contemporaine, non pas pour déceler d'abord des « traces de Dieu », mais pour repérer ce que cette culture dans ses expressions si diverses, exprime de l'humanité, de ses révoltes, de ces attentes. C'est à cette humanité que les chrétiens sont envoyés, c'est pour elle que le Seigneur a donné sa vie. Un chrétien, un évêque, n'est cependant pas seulement un « observateur », ou plutôt, il s'agit que l'observation éclaire les actions qu'il doit engager. Ma situation ici n'est pas celle de celui qui doit décider des orientations concernant la formation des adultes dans l'Eglise catholique en France. Cependant, si je suis heureux de ce colloque qui éclaire mes choix pour mon diocèse, je vous livre ce qui m'a été suggéré par les paroles entendues, d'abord lors des interventions, mais aussi dans les échanges plus informels.

1. Un rapide regard sur ce qui donne le tournis

Prenons acte d'une des caractéristiques du temps, avant tout par le numérique, nous avons accès à une pluralité de savoirs, inconnue jusqu'ici, j'en souligne quelques conséquences. C'est avant tout une immense richesse, mais celle-ci est tellement diverse et éclatée qu'elle nous saisit de vertige, tel un homme devant une bibliothèque qui rassemblerait des livres écrits dans toutes les langues du monde. Et encore, ceci serait plus simple, la sélection s'opérerait en fonction des langues, ou de la langue, que nous possédons. Face à internet, nous croyons pouvoir tout

comprendre, est-ce si sûr ? Nous sommes dès lors bien malléables, objets des sollicitations des opinions les plus diverses, et surtout, parmi celles-ci, l'autorité de l'une ou de l'autre ne dépend le plus souvent que du seul critère de quantité : il faut être bien référencé, parler le plus fort possible, parler simple, autrement dit ne pas dépasser 140 signes.
Plusieurs fois des orateurs ont exprimé ce phénomène en termes de « société liquide ». Ce concept vient du sociologue britannique Zygmunt Baumann, il en parle dans plusieurs de ses livres, il est alors utile d'y faire référence : « La 'société' est de plus en plus envisagée et traitée comme un 'réseau' plutôt que comme une 'structure', et encore moins comme un 'tout' solide : elle est perçue et traitée comme une matrice de connexions et de déconnexions qui sont le fruit du hasard et d'un nombre par essence infini de permutations possibles[170]. »
Ceci engendre chez beaucoup un sentiment d'« insécurité culturelle », nouveau concept développé par Laurent Bouvet. « Il est temps de reconnaître l'insécurité culturelle comme l'un des indicateurs les plus sûrs des difficultés de la société française, afin de pouvoir la combattre politiquement et, avec elle, ceux qui en profitent[171]. »
Cette insécurité culturelle se manifeste dans la mondialisation et ses conséquences, alors que tout semble échapper, non seulement au simple citoyen, mais aussi aux autorités politiques. Certains diront alors que l'on ne se sent « plus chez soi », que les repères propres à un pays disparaissent au profit d'un multiculturalisme présenté par quelques-uns, le petit nombre des intégrés, comme enchanteur. On fera part de sa désolation face à l'abandon des valeurs les plus traditionnelles, la priorité étant donnée aux minorités présentées comme opprimées. Sans compter les conséquences des fragilités économiques et de la désindustrialisation.
A ceci s'ajoute la fragilité de ce qui devrait protéger le citoyen : les institutions. D'une part l'Etat : il agit localement dans une

---

170 Zygmunt BAUMAN, *Le présent liquide. Peurs sociales et obsession sécuritaire*, Paris, Seuil, 2007, p. 9.

171 Laurent BOUVET, *L'insécurité culturelle. Sortir du malaise identitaire français*, Paris, Fayard, 2015, p. 157.

société globalisée à laquelle il n'a pas accès. Mais aussi les Eglises : elles font l'expérience d'un christianisme fragile, dans ses relais locaux et ses acteurs, fragilité présentée comme une chance, mais le plus souvent éprouvée comme difficile. Or, dans ce monde liquide et insécurisant, on vient parler d'éduquer et de former, ce qui peut ajouter de nouvelles fragilités. En effet, former, c'est aussi contribuer à opérer des déplacements ; tel est l'étymologie du verbe *educere* : faire sortir. On peut l'entendre de deux manières, former, c'est conduire hors de..., mais c'est conduire vers... soi, vers un soi plus grand et mieux relié à ce qui est hors de soi. Il ne s'agit pas d'opposer ces deux sens de la réalité de l'éducation, de la formation, ils s'appellent l'un l'autre, il faut avant tout se garder de ne retenir qu'un seul de ces sens. Bref, former c'est permettre à chacun d'être « en sortie ».
En ces jours qui suivent les attentats du 7 janvier 2015 qui ont endeuillé la France, j'aime dire qu'un moyen de sortir de soi, de grandir, c'est l'humour, même l'ironie, et même le rire bête et méchant ; des moyens sans doute peu agréables, surtout lorsque l'on n'a pas de force en soi pour les accueillir avec la distance qui convient.

2. Quelques repères pour notre agir

Avant de proposer des repères pour guider nos choix, je pointe d'abord les faux remèdes, ils ont été mentionnés durant le colloque, ce sont les intégrismes et le relativisme, mais aussi l'idée simple qu'il suffirait d'avoir les bons outils, la bonne méthode, faut-il rappeler que celui qui annonçait disposer de la « boîte à outils » n'en a pas été vraiment récompensé ?
Avant de proposer quelques repères simples, j'aime rappeler que la tradition intellectuelle a reçu, au XXe siècle, le travail et la vie de trois « femmes puissantes », trois femmes, trois femmes juives : Simone Weil, Edith Stein, Hannah Arendt. Il sera toujours nécessaire et profitable de s'y référer. Alors, que faire ? Quels sont les chemins d'action ? A ces mots, je préfère ceux de repères, de balises, toujours employés au pluriel. Encore une fois, il faut se méfier de « la » solution, et surtout de celui ou de celle qui dit la posséder.

La première chose pour vous qui travaillez à la formation chrétienne, c'est l'Ecriture sainte. A la fois nous la lisons et elle nous lit, elle est aussi ce qui nous relie les uns aux autres et elle opère la reliure de chacune de nos vies. J'en vois l'image dans le geste qu'accomplit le diacre ou le prêtre avec la proclamation de l'Evangile. Alors qu'il chante « acclamons la Parole de Dieu », il peut montrer le livre ouvert, ou bien montrer sa reliure, ou bien le laisser posé sur l'ambon. Chacun de ces gestes exprime le travail qu'opère l'Ecriture et celui auquel elle appelle : scruter les mots, les articuler dans un même corpus et laisser la Parole parler au cœur au-delà des mots et des phrases. Quelque chose de cette richesse qu'opère l'Ecriture est exprimé sur la tenture de l'Apocalypse d'Angers : à la fois le livre est reçu dans la main, à la fois il est le miel dans la bouche, et l'amertume qui bouleverse les entrailles et convertit.
Parmi les repères dont nous disposons, il y a les dogmes de la foi, en eux-mêmes, mais surtout dans ce qu'ils réalisent : ils ne disent pas ce qu'il faut croire, mais sont des panneaux indicateurs qui signalent les chemins où l'on risque de s'égarer. Les dogmes sont ces bornes qui indiquent le chemin sans le définir. Plusieurs fois il a ainsi été parlé de boussole et de carte. Quelqu'un poussait la métaphore jusqu'à parler de GPS. Or, le GPS, c'est la petite voix qui dit à chaque instant où aller, si on se trompe, il remet aussitôt sur « la » route ; est-ce si bon ? Pour ma part je préfère avancer... comme un âne. A table on me rapportait cet échange au sujet de la prière juive : celui qui prie oscille d'avant en arrière, il vénère ainsi son Dieu, mais il oscille également de gauche à droite, il porte en effet sur ses épaules le joug de la Loi.
Un autre repère c'est la pratique du discernement, en particulier tel que saint Ignace de Loyola l'a exprimé. Nous retrouvons ici l'image de la carte, même si elle est ni celle du Tendre, ni celle des chemins armoricains ! Par la pratique du discernement nous apprenons à repérer les différents esprits qui animent le cœur de l'homme, nous craignons moins de les laisser venir s'exprimer, nous apprenons surtout le réalisme par lequel on accueille le réel du monde, des autres et de soi. Sans la prise en compte du réel, nous sommes prisonniers ou bien de l'impuissance, ou bien de la toute-puissance, alors qu'il s'agit de repérer nos réelles puissances d'action.

Enfin, deux points d'attention. D'abord, il faut interroger le rapport au temps. L'urbaniste et penseur Paul Virilio dit que si tout s'accélère, notre société est surtout frappée d'arythmie, elle ne sait plus diviser le temps, jusqu'au dimanche qui peut devenir un jour comme les autres. Formateurs, nous devons apprendre à dire « non », pour nous et pour y aider les autres ; nous n'avons pas à acquiescer à tout ce qui s'offre à nous, de même qu'à tout ce qui nous sollicite. Pour cela on saura choisir les « gros cailloux »[172], le solide qui nous est essentiel.

L'autre point concerne notre rapport à l'espace. Laurent Bouvet note ce qui suit :

> « Le lieu de vie est un déterminant essentiel du mode de vie (habitat, transports, sociabilité, travail, loisirs...) et participe donc activement de la construction du rapport au monde, des représentations, de chacun, et de là, bien évidemment, au comportement politique.
>
> La différenciation des territoires et des populations qui y vivent ainsi que les « fractures » qui le séparent désormais de plus en plus nettement, notamment en raison des effets de la mondialisation, jouent un rôle considérable dans la formation des appréhensions et des attitudes de Français[173]. »

Les structures de la vie ecclésiale doivent prendre en compte les identités territoriales ; c'est l'Eglise qui les a souvent forgés, tout ne peut en être oublié.

3. Une priorité : l'accompagnement

J'ai invité à savoir dire « non », à ne pas « suivre tout vent de doctrine » ; à l'écoute de ces deux jours, et des réactions de la salle aux propos tenus, je retiens comme priorité dans nos pratiques de formation, l'accompagnement. D'abord, je fais ce constat que le premier employeur d'une commune, même grande, ce sont les structures sanitaires et sociales : CHU, EHPAD, CCAS, etc. On peut les interpréter comme des béquilles qui aident les gens à se tenir debout, pourquoi alors s'y investir

---

172 Cf. La parabole du vieux philosophe, rapportée par Jean-Yves Robin, ci-dessus p. 38 et suivantes.

173 Laurent BOUVET, *L'insécurité culturelle*, p. 87.

tant ? N'entretient-on pas les gens dans des dépendances ? Deux possibilités sont ouvertes, soit la relégation, soit l'accompagnement. Au regard de ce qui a été dit des caractéristiques du temps, ce sont plutôt des guides qui indiquent un chemin, des comportements.

La tradition chrétienne met en valeur la dimension d'accompagnement dans la vie spirituelle, dans la vie intellectuelle et dans la formation on parlera de tutorat. Il y a aussi la pastorale de l'engendrement, qui sera souvent dans le « un à un ». Et puis, la pratique des synodes permet d'avancer ensemble, avec les autres expressions de la synodalité, que sont les conseils qui structurent les Eglises particulières. Bref, on ne va de soi à soi qu'en passant par l'autre.

Dans les actions de formation je privilégie « accompagner », il me semble prendre en compte ce qui nous a été dit de notre époque. La priorité de l'accompagnement, c'est la personne. Ceci consonne avec ce qu'est l'évangélisation : l'appel adressé d'une personne à une autre personne : « viens et vois », la capacité à entendre les questions posées, et l'attitude par laquelle on recherche ensemble les bons chemins.

« Il fait route avec nous ». La formation est aussi un accompagnement sur un même chemin. Or, durant ces deux jours, il a été beaucoup question de déplacements (j'entends ici une manière de parler de la conversion) et aussi des moyens de déplacement, des véhicules : chars à bœuf, train, etc. Mais l'appel de l'Evangile, c'est « viens »... oui, mais, en marche ! Le chemin se parcourt à pied, et il suppose la lenteur, la prise en compte du rythme de chacun. La tenture de l'Apocalypse représente le voyant comme un marcheur : par ses attitudes il est montré comme étant toujours en mouvement, et même face à la Jérusalem terrestre, il se met à courir. En parlant d'abord de l'accompagnement dans le processus de la formation, on parle aussi de « style », on dit ainsi quel est le « style » de la formation chrétienne : elle est un accompagnement.

4. Qui appelle à des conversions et à des choix

Le chemin de la formation chrétienne est une « route qui nous change », selon le titre choisi par Georges Kowalski pour l'un de

ses livres[174]. La formation appelle à vivre des conversions en divers domaines. C'est d'abord une conversion personnelle, tant pour celui qui assure la formation que pour celui qui en bénéficie ; chacun découvre « le Dieu plus grand » que ses représentations et que ce qu'il en connaît et expérimente déjà. Faire des choix pour la formation appelle aussi à des conversions institutionnelles... mais comme conséquences d'un choix premier, celle de l'accompagnement, de la rencontre, du un à un. J'en vois un exemple, certes exceptionnel dans le choix, par le pape François, de Sainte-Marthe de préférence au Palais apostolique. La finalité générale de cette conversion est de libérer de certains poids institutionnels pour mieux rendre disponible à la rencontre. Dans un contexte où l'on expérimente la fragilité économique de la société, et aussi de l'Eglise catholique, se pose aussi la question des moyens, y compris financiers ; là aussi, il faut choisir.
Et puis, l'évêque ne peut pas se contenter de « laisser les choses se faire », il doit « reboiser », et déboiser. Ce n'est pas parce que des choses se font toutes seules qu'elles sont nécessairement l'œuvre de l'Esprit. Ce n'est pas parce que nous faisons quelque chose en toute responsabilité que l'Esprit Saint en est nécessairement absent.
Mais, tout ceci n'ajoute-t-il pas une fragilité à d'autres fragilités ? Alors que nous peinons à mesurer les effets de la grâce, que parfois le nombre des personnes engagées dans les formations, et des formateurs, tant à se réduire, on aime à trouver à se rassurer dans les murs anciens et solides de nos institutions. Dans les séminaires bien des chambres sont vides, ou ont trouvé un autre usage, mais, au moins, il reste les hauts murs et des fenêtres en nombre conséquent ! Il faut alors se rappeler comment le Seigneur dénonce le péché de David : celui-ci recense le peuple, oubliant qu'il n'en est que l'intendant et non le maître. Où en sommes-nous de l'obsession du nombre ? De l'attachement aux formes extérieures de nos institutions, aux murs même ? Là se vit la « dé-maîtrise » mentionnée durant ces deux jours, elle est ici un principe d'action et non un vague sentiment spirituel.

---

174 Georges KOWALSKI, *La route qui nous change*, Paris, Cana, 1982.

Les institutions, académiques et ecclésiales, qui portent les formations reçoivent la responsabilité d'exercer une tâche de gouvernement, mais celle-ci ne peut s'exercer seule, elle doit aussi toujours prendre le temps d'expliquer les raisons de telle ou telle décision, quitte à devoir la remettre en cause s'il apparaît que tout ce qui devait l'être n'avait pas été pris en compte. Décider, gouverner, c'est aussi ne pas craindre de prendre en compte une forme d'agnosticisme pratique, autrement dit c'est ne pas en avoir peur pour soi-même, pour l'Eglise, de dire « je ne sais pas », sollicitant par-là conseils et avis. Ceci consonne à une attitude plus fondamentale qu'exprime la dernière phrase du *Royaume* d'Emmanuel Carrère, « je ne sais pas », phrase qui traduit le fond du dernier roman de Michel Houellebecq, *Soumission*.

Il faut aussi rappeler qu'accompagner et gouverner sont deux actes différents. Bien entendu, il faut tenir les deux, mais ce n'est pas le fait ou de la même personne, ou du même moment dans la vie. Par exemple, l'évêque n'est pas le père spirituel de ses prêtres ni leur confesseur. On retrouve ici la triade : pouvoir politique et financier, formateurs et adultes en formation. Toutes ces choses se vivent bien si sont respectées les responsabilités spécifiques, si les limites sont honorées, si chacun joue son rôle. Dans l'Eglise, peut-être ailleurs, des progrès sont à faire quant à ces distinctions des missions et des rôles. Il y a des tensions à honorer, sans chercher à les supprimer. Je remarque que les moyens modernes de communication n'aident pas à cela : par le mail on a accès directement à chacun. Mais, l'évêque ne doit pas jouer le curé de chacune des paroisses du diocèse, tout comme le pape n'est pas le curé du monde (chose qui pourtant simplifierait les nominations que les évêques ont à faire), il est « évêque de Rome », cela doit bien l'occuper. Dans les institutions de formation, si le travail est commun, les responsabilités sont différenciées.

5. Qui prend en compte quelques risques

J'ai ainsi privilégié l'accompagnement, il me semble correspondre à la société liquide et insécurisante dans laquelle nous sommes, mais ce choix présente des limites qu'il faut prendre en compte. D'abord, la foi au Christ risque de n'être plus qu'une seule adhésion personnelle. Qu'en est-il alors de l'Eglise ? Qu'en est-il de l'engagement social au nom de la foi ? Etc.

Un évêque peut parfois être contraint à ne pas choisir : chacun dit que ce qu'il est et vit, que le service qu'il anime, que ce mouvement, ce clocher... est essentiel. Il peut dès lors imiter sainte Thérèse de l'Enfant-Jésus et avec elle affirmer : « Je choisis tout » ! Ceci conduit au sous-poudrage, et finalement à une insatisfaction générale.

Chez ceux qui dirigent, un autre risque est de privilégier la nécessité et l'utilité, et cela produit... des déchets, humains ou pastoraux. Parce que l'on veut de « l'immédiatement utile » on néglige ce qui réellement construit, parce que l'on veut vérifier les fruits de son action, voire recueillir quelque laurier, on bâtit sur la sable. Il faut se garder de vouloir des formations immédiatement opérationnelles. Mais opérationnelles à quoi ? Pour quoi ? Pour sauver les apparences ?

L'évêque a en charge la totalité d'une Eglise, il vient souvent d'ailleurs, il peut ainsi être plus libre pour opérer des choix. Mais il peut aussi être un « comme si », un administrateur efficace et même zélé, au risque cependant d'en venir à manier des concepts loin de ceux de l'Evangile : mobilité, adaptation, rentabilité. L'évêque devra cependant aider à prendre en compte des réalités, dont celle de la réalité économique de son diocèse. Pour cela, la vertu nécessaire est le courage. Mais, ceux chez qui cela fait défaut peuvent se dire que les événements contraignent les cœurs défaillants. Cependant, la grandeur humaine c'est de choisir dans la liberté et non sous la contrainte. On est à nouveau rendu à la construction intérieure... mais, de tout cela, pour tout cela, le seul critère, c'est le plus beau et le plus exigeant, c'est celui de la charité.

Troisième partie

Quand des adultes évoquent leurs transformations

L'utilité sociale de l'expérience spirituelle[175]

Nathanaël Wallenhorst

1. Le projet de formation

Il s'agit d'un dispositif de relecture pastorale au sein d'un certificat initial de pastorale hospitalière de 150 heures de formation, proposé par une faculté de théologie, dans la suite de ce que des diocèses avaient mis en œuvre. Cette formation, qui articule des éléments pratiques et théoriques, se donne pour objectif que les « nouveaux responsables d'aumônerie acquièrent des compétences plus précises pour accompagner les malades et les résidents dans un esprit de partenariat avec des professionnels de santé et en fidélité avec la mission ecclésiale confiée »[176]. Les trois groupes de relecture pastorale sont constitués de six personnes (principalement des laïcs) et d'un animateur qui se réunissent au cours de six séances de plus de deux heures.
Avant la rencontre un participant rédige un récit de pratique qui est lu par chaque membre du groupe et l'animateur repère quelle « dynamique de salut est plus ou moins à l'œuvre dans le récit »[177]. Le premier moment est consacré à l'analyse du récit de pratique qui est lu à voix haute et fait l'objet d'une analyse participative conduite par l'animateur. Ensuite le groupe quitte ce récit pour se centrer sur un récit biblique choisi par l'animateur. Celui-ci fait l'objet d'une lecture « pas à pas » et

175 A partir de l'atelier « La relecture pastorale dans le cadre du Certificat Initial de Pastorale Hospitalière ».

176 Brochure de présentation de la formation.

177 Grille d'animation de relecture pastorale.

d'une analyse mobilisant la participation de chaque membre du groupe. Lors du troisième moment, particulièrement important, l'animateur « invite au croisement des deux récits à partir des dynamiques de salut et d'annonce mises en œuvre dans chacun des deux récits pour arriver à préciser ce qui se ressemble (convergences) et ce qui diffère (différences) »[178]. La séance se conclut par un tour de table final.

Les données principales sur lesquelles cette contribution prend appui sont un corpus de trente-deux pages constituées de la transcription de trois entretiens individuels conduits par Gwennola Rimbaut, maître de conférences en théologie pratique, avec les animateurs d'atelier. Ces entretiens portent sur les effets du dispositif de relecture pastorale sur les participants[179]. Les bilans de dix-huit adultes inscrits dans ce dispositif (constituant un corpus de quatre pages), utilisés comme des données complémentaires, sont venus enrichir l'analyse.

2. Analyse des apprentissages de ces adultes en formation

2.1 Une expérience de la krisis

Ces personnes réalisent une expérience de la *krisis*[180] : une expérience de la crise (remise en question) tout autant qu'une expérience critique (émergence d'une pensée critique). Il s'agit d'une double expérience critique : celle de l'exposition de son récit d'analyse de la pratique aux membres du groupe (à d'autres qui critiquent) et celle de l'analyse du texte biblique. Un participant mentionne qu'« on est tout le temps en train de se poser des questions ! » et un autre qu'« on a l'impression d'être passé à la moulinette », soulignant de cette façon la puissance critique du texte et de ce dispositif. Pour les animateurs, la relecture pastorale « permet de questionner les évidences » et de

---

178 Grille d'animation de relecture pastorale.

179 Pour une présentation détaillée de la relecture pastorale, telle que déployée dans le certificat initial de pastorale hospitalière, cf. Guy Le Bouëdec, Christophe Pichon & Gwennola Rimbaut, *Récits de pratiques et récits bibliques. (Se) former à la relecture pastorale*, Défi-formation, Paris, L'Harmattan, 2015.

180 Maurice BELLET, *Le paradoxe infini*, Paris, Desclée de Brouwer, 2003.

« prendre conscience de ce qu'on a mis en œuvre à son insu » en précisant qu'il s'agit de « bien plus que des convictions ecclésiales ». Dans les discours cette double expérience critique s'articule avec la réception d'un acte de foi, acte paradoxal, car décrit comme reçu et posé.

2.2 Une expérience existentielle et des apprentissages existentiels

Ces adultes en formation ont réalisé une expérience dont la particularité est qu'elle a été pour eux particulièrement forte et est décrite comme en partie fondatrice. Cette formation trouve un point d'ancrage dans l'existence de chacun des participants, avec ce qu'elle a de plus propre et d'intime : « Le texte biblique prend une coloration ou un sens qu'on n'avait pas imaginé et qui va demeurer en nous dans notre vie personnelle. ». L'expérience réalisée à travers ce dispositif est décrite comme particulièrement profonde, les apprentissages sont existentiels, ils revêtent un caractère fondamental pour les stagiaires – une personne en parle même comme d'apprentissages « indispensables ». Il est possible de catégoriser ces apprentissages existentiels de la façon suivante : *primo* un apprentissage de la simplicité et de la dépossession. *Secundo* un apprentissage du décentrement de soi pour se centrer sur l'autre ou sur le récit biblique. *Tertio* un apprentissage de l'écoute. *Quarto* un apprentissage de la présence à l'autre de façon qualitative. Les personnes mentionnent autour de ce dernier élément l'importance d'investir un autre registre que la connaissance et pour lequel la connaissance peut être un frein (une attention excessive sur elle rend le dispositif inopérant).

2.3 Une expérience spirituelle : apprendre à recevoir

Cette expérience existentielle est décrite comme une expérience spirituelle par les bénéficiaires de la formation. Certains réalisent une expérience de l'Evangile fondatrice (parfois une « première expérience d'Evangile »). D'une certaine façon on peut dire qu'il y a une expérience d'évangélisation chez des personnes qui étaient catéchisées. Les stagiaires parlent d'une expérimentation de la Bible (et de l'Evangile) comme parole vive, rejoignant les

problématiques de son existence pour les éclairer : « Enfin je comprends ! ». Un animateur conserve « des souvenirs d'étonnements du groupe et de ce que produisait le texte biblique ».
Les récits des formateurs sont bien des récits de transformations – des leurs comme de celles des bénéficiaires. Au fur et à mesure de la lecture des discours on perçoit une expérience forte qui peut être traduite en terme d'apprentissages et l'un d'eux a un statut particulier puisqu'il s'agit d'un apprentissage de la réception – qui semble vécu comme un apprentissage pour être en prise avec son existence – illustré par les sujets interviewés dans quatre champs lexicaux : celui de la réception d'un souffle (« je reçois un souffle supplémentaire »), de la réception de vie (« Quelque chose qui nourrit », « Le dynamisme que ça donne de mieux connaître le Christ », « Ce que je contemple : la vie qui jaillit dans les visites. »), de la réception de lumière (« Le texte biblique vient de manière inattendue éclairer l'événement ») ou de la réception de joie (« Révélation joyeuse », « Jubilation »). La formation constitue un moment de ressourcement, en dépit de sa composante critique.

2.4 L'utilité sociale de l'expérience spirituelle

Ce qui est en jeu dans ce dispositif de formation est cet apprentissage du Christ : tout à la fois, apprendre du Christ mais surtout apprendre le Christ. Cet apprentissage du Christ peut évoquer l'exclamation de Paul aux Philippiens : « Pour moi vivre c'est le Christ ! » (Philppiens 1,21). Chez ces personnes en formation, « apprendre le Christ » en revient à apprendre à recevoir le souffle de la Parole inouïe[181] (non encore entendue) au cœur de la vie quotidienne – ici au cœur de la mission – pour un approfondissement de la pratique pastorale.
Apprendre le Christ est un apprentissage existentiel paradoxal à finalité politico-sociale. Il s'agit d'apprendre à recevoir pour investir nouvellement la responsabilité professionnelle et citoyenne et accueillir l'autre souffrant de façon plus qualitative. Apprendre le Christ est cet apprentissage de son souffle, sa vie,

---

181 On perçoit une utilisation de quelques savoirs du texte pour entendre quelque chose qui n'est pas encore su (non su) provenant du texte, qui est singulier, inouï.

sa lumière et sa joie, mais surtout cet apprentissage de l'autre. La première hypothèse que je formule à la lecture des entretiens avec les animateurs est que ce qui est principalement appris dans l'expérience spirituelle, c'est l'autre. C'est là la fonction politique et l'utilité sociale de cet apprentissage. L'expérience spirituelle ouvre sur un apprentissage de l'hospitalité par l'ouverture en soi d'un espace d'accueil de l'autre, de son mystère et de son altérité.[182] Plus largement la seconde hypothèse que je formule à la lecture de ces discours est que les apprentissages existentiels sont des apprentissages à vocation politico-sociale ou citoyenne[183].

Avec ce dispositif, le moyen utilisé pour l'approfondissement des compétences d'aumônier est de permettre une expérience spirituelle. On peut formuler l'hypothèse que cette expérience de réception a une incidence sur la façon dont les personnes vont se comporter en collectivité et sur la manière dont elles vont prendre en charge une part de la vie du collectif.

3. Ce qui favorise ou freine les apprentissages de ces adultes

Les animateurs comme les bénéficiaires ne cessent de souligner l'importance du « croisement » entre l'analyse de la pratique et l'analyse des textes bibliques. C'est le point de convergence de l'ensemble des discours, il est décrit comme le cœur du dispositif et ce qui fonde la pertinence de la relecture. C'est là la singularité de ce dispositif. Le « croisement » représente l'articulation de son existence avec le texte biblique dans un dispositif de parole mise en partage (donc avec une expérience communautaire). C'est le « croisement » qui est associé chez les trois animateurs à cet apprentissage de la réception mentionné précédemment. Ce « croisement » est décrit de la façon suivante : « Il est au cœur de l'expérience spirituelle réalisée. Il génère une ouverture au mystère de la présence de Dieu au cœur du monde ». Le

---

[182] Cette notion d'hospitalité est intéressante à travailler avec des aumôniers travaillant en milieu hospitalier.

[183] Cf. Le concept de citoyenneté existentielle développé par l'économiste Christian ARNSPERGER, *L'homme économique et le sens de la vie,* Paris, Textuel, 2011.

croisement permet de se décentrer de soi. On voit ici la fécondité des détours et notamment celui par la parole biblique.

Ce croisement articule paroles et pratiques. Ce dispositif permet aux participants de faire l'expérience d'entendre une parole au cœur de la pratique. Les participants parlent de leur pratique et entendent en retour la parole qu'elle contenait. Ils ont pratiqué et ont entendu une parole, qui aura en retour une incidence sur la pratique. Cette expérience renvoie à l'articulation parole et mise en pratique de la parole de l'Evangile : « Mettez en pratique la parole » (Jacques 1, 22) ou « Celui qui entend mes paroles et les met en pratique » (Luc 6, 47-49 ; Marc 4, 14-20). Ce qui reste marquant pour les participants comme pour les animateurs n'est pas tant l'écoute de leur propre parole que l'écoute de la parole d'un autre (du groupe et du texte). Au cœur de l'ensemble de ces articulations, certains font l'expérience de l'écoute d'une parole inouïe.

Une phrase ressort fortement du discours des formateurs : « Tout le monde n'est pas capable de rentrer dans cet exercice ». Lorsqu'une personne « ne rentre pas » dans le dispositif cela est assez problématique et fait particulièrement parler les formateurs et les stagiaires. Ce dispositif comporte une dimension holistique : « On rentre » ou « on ne rentre pas ». Lorsque cela ne marche pas, la visibilité est forte pour l'ensemble des participants. Une condition *sine qua non* permettant à ces apprentissages d'être réalisés est l'ouverture à la critique et à la remise en question par les autres : « Si on vient sûr de nos billets et sûr de nous la rencontre ne se fait pas ». L'hospitalité (accueillir l'autre et se laisser accueillir par l'autre) est nécessaire. L'attitude relationnelle nécessaire est celle de l'articulation entre bienveillance et authenticité.

Former des disciples aux itinéraires différents[184]

Christine Gilbert

1. Le projet de formation

Le Parcours Initial de Formation (PIF) s'adresse à des adultes qui « désirent mieux connaitre le patrimoine chrétien (la Bible, les conciles) et le mettre en rapport avec les questions d'aujourd'hui » ainsi qu'à ceux et celles qui sont appelés à des responsabilités en Eglise. Il est demandé de suivre la totalité du parcours de deux ans. Les participants sont divers, tant par leur âge, leur situation sociale ou leur ancienneté dans la foi.
Le Parcours Initial de formation est une formation de proximité, une démarche généraliste qui aborde tous les grands thèmes de la vie chrétienne. Plusieurs groupes fonctionnent en même temps dans le diocèse. Il y a une réunion mensuelle en groupe avec apport par un intervenant sur un thème et une reprise en petit groupe d'affinité. Une fois par an, l'archevêque rencontre tous les groupes en formation.
Le contenu de la formation se décline comme suit :

- Comment parler de Dieu aujourd'hui ? Croire ; croire en Dieu ; répondre à un appel.
- Qui est Jésus Christ ? Qui suis-je au dire des hommes ? Jésus Christ sauveur ; croire en Dieu Trinité.
- Comment accueillir la Parole de Dieu aujourd'hui ? Dieu se révèle ; un chemin de vie et d'amour ; la parole de Dieu au cœur de la vie chrétienne.

---

184 A partir de l'atelier « Le parcours initial de formation du diocèse de Poitiers ».

- Qu'est-ce qu'une spiritualité chrétienne ? La quête spirituelle aujourd'hui ; prière et liturgie ; célébrer la Pâque de Jésus Christ.
- Une Eglise appelée à être fidèle à l'Esprit de Jésus Christ ; une Eglise en marche ; une Eglise appelée et appelante ; une Eglise animée par l'Esprit-Saint.
- Quel avenir pour notre humanité ? Vivre de manière responsable ; laissez-vous réconcilier ; témoigner ensemble de la foi en Jésus-Christ.

2. Typologie des participants

L'analyse de la formation s'est effectuée à partir de 24 évaluations écrites en fin de formation ou à mi-parcours. Les personnes répondaient à la question : « Que retenez-vous pour votre vie, votre vie de foi, de ce parcours ? » Les transformations opérées par une formation ecclésiale étaient recherchées ainsi que ce qui favorisait ou non une dynamique de conversion. Sans grille d'analyse préconçue, sans recherche d'éléments précis, les évaluations ont été regroupées suivant des caractéristiques communes qui se dégageaient à la lecture. Cela a abouti à une typologie de cinq profils spécifiques. Les noms donnés à chacun de ces regroupements sont extraits de ces évaluations.

1er groupe : « Répondre présent ; se ressourcer pour changer »

Ce groupe exprime fortement la nécessité de s'arrêter dans un quotidien dense et difficile, de vivre un parcours de maturation. Ils veulent mieux comprendre pour mieux s'investir, modifier leur comportement, leur regard. Après la formation, ils se sentent mieux armés pour dire leur foi ; ils ont moins peur de la communiquer. Ils se sentent davantage responsables de leur baptême.

La formation a nourri leur foi et a donné du sens à leur vie. Le chemin personnel qu'ils ont vécu avec Dieu les a aidés à réinterpréter leur quotidien et les a renvoyés à leur responsabilité pour agir et s'engager.

A noter : aucune mention des autres participants ou des travaux en groupe au sein des participants de ce regroupement ; ils sont très marqués par une démarche personnelle.

2ème groupe : « Croire, c'est se mettre en route avec d'autres »

Ce groupe a besoin de connaître le Christ pour réfléchir à la manière dont il mène sa vie. Il s'agit, pour eux, d'approfondir le message de la Bonne Nouvelle, d'étudier et d'apprendre. Ils ont conscience d'avoir une foi ténue, avec des doutes qui en font partie intégrante. Dieu leur parle par la Bible qu'ils aiment lire et relire. Ils sont sensibles à la dimension ecclésiale de leur « secteur », avec lequel ils tissent différents liens.
Le partage avec les autres personnes en formation les a renvoyés à eux-mêmes et leur a donné de l'assurance pour s'exprimer. Ils ont découvert l'importance de la parole partagée, du travail en petits groupes. Le cheminement avec d'autres leur fait apprécier la diversité dans l'Eglise.
A noter : tout part du groupe de partage pour l'enrichissement ou l'approfondissement de leur foi. Les participants regroupés ici ne font aucune référence à un engagement quelconque.

3ème groupe : « La chance d'être chrétien »

Les participants de ce groupe ont une foi qui les aide à avancer. Ils ont besoin de savoir ce à quoi ils croient. Les échanges avec les autres participants les aident. Le Christ ne les laisse pas seuls ; ils se sentent appelés à faire régner l'amour, à construire le Royaume de Dieu.
Leur formation est un rendez-vous avec le Seigneur qui fait grandir leur foi et leur donne confiance. Grâce à elle, ils s'ouvrent au mystère de la foi. Le contenu de la foi façonne leur identité.
A noter : les personnes regroupées ici expriment leur foi de manière très conceptuelle, sans aucun élément pratique ou concret. Ils ne font pas référence à un engagement quelconque ni à une ouverture aux autres.

4ème groupe : « L'ouverture à Dieu entraîne l'ouverture aux autres »

Pour ces personnes, la vie de tous les jours et la vie chrétienne ne font qu'un. Elles ont besoin de croire pour avancer et se dépasser dans les difficultés. Elles saisissent l'importance de la transmission de la foi et disent que la formation les a aidées à avoir moins peur de parler. Leur ouverture à Dieu est conjointe avec leur ouverture aux autres.
Le ressourcement vécu à la formation les fait changer de comportement et de regard. Leur foi se structure et leur donne de l'assurance pour la transmettre. Ils peuvent mettre en mots leur ressenti.
A noter : ce sont les seuls qui expriment une conscience de la nécessité de la transmission de la foi.

5ème groupe : « Rencontrer d'autres pour réfléchir et agir »

Ces personnes ont conscience que la foi est universelle mais qu'il y a plusieurs façons de la vivre. Ces personnes ont le goût des autres ; elles estiment que le partage est indispensable et elles éprouvent la nécessité de s'assoir en équipe. Elles veulent agir dans leur vie comme chrétienne.
Le partage en groupe est nécessaire pour comprendre, connaître le Christ et se connaître. Elles ont besoin d'une communauté pour vivre et agir. Leur foi leur donne une identité qui les renvoie aux autres. Leur formation les pousse à l'action.
A noter : Le groupe chrétien leur donne une identité qui les renvoie à un engagement et au service des autres.

A la lecture de ces différents regroupements, on constate qu'une même formation produit des fruits différents ! La formation rejoint des parcours et des personnes qui se l'approprient en fonction de leurs besoins et de leurs profils. Une évolution et des approfondissements se déploient aussi dans le temps et on ne les perçoit pas sur une seule évaluation.

3. Des points communs par-delà les cinq groupes

Les différences exprimées ci-dessus voisinaient avec de nombreux points communs. Tout d'abord, une référence au temps était pointée quasiment dans chaque texte : dans un quotidien dense et parfois lourd, la formation permet de s'arrêter et de réfléchir. La durée favorise aussi une certaine maturation et des cheminements divers.

La Bible, « les textes », comme disent certains participants, est mentionnée presque à chaque fois. Non pas comme une référence quelconque et habituelle mais parce que les participants l'ont manipulée, lue et travaillée directement, par eux-mêmes. On perçoit que leur découverte était accompagnée mais ils l'ont faite eux-mêmes.

Les participants ont découvert également ou se sont enracinés dans la Trinité. La mention de celle-ci est massive. Soit l'ensemble du parcours le favorisait, soit l'intervenant sur la Trinité était particulièrement excellent ! Il semblerait plutôt que les participants aient été guidés dans cet enracinement et que cela les ait aidés à s'approprier davantage leur foi.

De nombreuses personnes disent aussi la peur de parler de leur foi. Cela est lié à la non-connaissance ou à la faible connaissance de leur foi. Les personnes, alors, se taisent et leur silence la leur fait petit à petit oublier. La formation donne confiance et assurance ; elle donne des mots qui structurent et permettent de s'exprimer.

L'intelligence de chacun est touchée ; la formation rejoint leur besoin de comprendre et de mettre des mots sur un ressenti. Ils trouvent des pistes pour réfléchir et reprendre à leur compte et à leur manière des éléments de la foi chrétienne. Le travail personnel demandé les aide à s'ouvrir.

Enfin, les participants sont « touchés », « rejoints personnellement » dans leur identité croyante. Comme pour leurs contemporains du XXIe siècle, cet élément personnel est primordial.

Conclusion

Le Parcours Initial Fondamental a été refondé pour être programmé en un an, parce que deux ans n'était plus tenables pour les participants. Tous les formateurs se heurtent à cette question des rythmes de vie et du rapport au temps du XXIe siècle. On peut se demander si, en 2015, une partie de la formation en numérique, avec documents en ligne, blog participatif, analyses de sites ne répondrait pas judicieusement à ces contraintes de temps. Le principal problème est la résistance de participants eux-mêmes devant des questions techniques de manipulation d'ordinateur. On peut penser que ces résistances vont s'amenuiser avec les générations actuelles et à venir et que les formateurs auront toujours à conjuguer le travail en présentiel, indispensable à toute formation, avec un travail à distance, en numérique, qui permet à chacun de travailler au moment le plus opportun pour lui.

Pour certains, ce parcours donne un fil rouge pour relire et unifier sa vie ; pour d'autres, des repères pour tracer son chemin ; pour d'autres enfin, des outils pour agir et s'engager. Le Parcours Initial Fondamental propose un itinéraire qui répond à la diversité de ces parcours et à leur éclatement. Il est suffisamment communautaire et personnalisé pour que chaque personne puisse en tirer des bénéfices personnels sur son chemin de disciple et que quelques-uns se sentent appelés à s'engager plus dans un chemin d'apôtre.

Développement holistique des acteurs chrétiens du développement[185]

Gwennola Rimbaut

1. Le projet de formation

Un projet de formation professionnalisant

Le projet de formation universitaire étudié concerne des acteurs chrétiens du développement qui se reconnaissent chrétiens (catholiques mais aussi protestants ou orthodoxes de différentes nationalités). Ces étudiants ont le désir de travailler à des missions ou projets de développement au sein d'entreprises, d'associations, de collectivités locales ou de structures ecclésiales. Cette formation délivrée par l'Institut de formation de Fondacio, dénommé IFF Europe, est réalisée en partenariat avec la faculté de théologie d'Angers. Il s'agit d'un Diplôme universitaire (DU) de niveau « Bac +3 » sur une année qui suppose un niveau « Bac +2 » à l'entrée en formation. Il comporte 447 heures d'enseignement, 220 heures de travail personnel et de groupe, 8 semaines de stage, 3 semaines de projet commun. Ce DU est le prolongement et remplacement d'une formation « Foi et Engagement » qui donnait déjà accès à une Certificat Supérieur de Théologie option « Ethique et Engagement » (1998-2009). Il accentue la dimension de professionnalisation.

185 A partir de l'atelier « DU (bac+3) Ethique et pratique du management de projets – acteurs chrétiens du développement ».

1.1 Des compétences visées à deux niveaux : professionnel et chrétien

Les différentes compétences professionnelles visées par ce DU concernent le management de projet : savoir établir des objectifs et des moyens appropriés ; savoir communiquer sur ces projets et les mener à bien avec les partenaires concernés ; savoir analyser les projets et évaluer les actions menées. Pourtant, la plaquette de présentation spécifie bien d'autres objectifs transversaux repérables dans les expressions suivantes : « Des chrétiens formés à engager leur foi au sein du monde acteur » ; « mettre en œuvre une éthique enracinée dans la pensée sociale de l'Eglise » ; « dans le respect des convictions différentes de leurs collaborateurs ». Les compétences professionnelles à acquérir sont toujours présentées en lien avec « une dimension éthique et de sens ».

1.2 Des dispositifs innovants annoncés

Si le parcours universitaire parait classique avec ses heures d'enseignement, de stage, de travail personnel, on peut noter un dispositif spécifique « 3 semaines de projet commun » qui est moins fréquent. Les étudiants en formation réalisent un projet de développement à vivre en petits groupes au sein d'une structure confessionnelle, par exemple : Le projet des tournées de rue en lien avec le Secours Catholique ; l'organisation d'une exposition dans un monastère très fréquenté, etc.
D'autre part, est annoncé un « parcours d'approfondissement de la vie chrétienne » consistant (180 h), basé à la fois sur des enseignements (théologie, éthique, présentation du Concile Vatican II, etc.) mais aussi sur une vie communautaire (vie en maisonnée, week-end de partage, récollection, temps de prière en commun) et un accompagnement spirituel personnalisé.

1.3 Entre contrat et alliance

Ce DU associe étroitement ces deux parcours (professionnel et chrétien) avec des dispositifs peu habituels pour le milieu universitaire ! Le vocabulaire de la plaquette souligne cette particularité en évoquant l'idée de « contrat » et d'« alliance » entre les étudiants et leurs formateurs. Si le contrat de formation est sanctionné par le diplôme, l'alliance s'avère être d'un autre ordre. En particulier, l'alliance suppose de l'équipe formatrice d'accompagner les étudiants sur le chemin de leurs transformations heureuses ou difficiles… avec une fidélité aimante qui prend source en Dieu dans la foi des chrétiens.

2. Les évaluations personnelles des étudiants

La synthèse a été faite à partir des neuf évaluations personnelles du cycle 2013-2014 et confirmée par les évaluations de 3 cycles précédents. Ces évaluations se présentent sous forme écrite d'environ une page dactylographiée avec une liberté de présentation même si un plan commun se perçoit. Tous évoquent les moments forts de l'année – ce qui a été personnellement transformé – puis le projet personnel qui se dessine en fin de ce parcours. L'écriture est en « Je », avec une implication qui témoigne du vécu avec authenticité. Ce ton est significatif de la confiance et de l'alliance (conformément au projet présenté en amont) qui se sont tissées entre les participants et les responsables de la formation.
Cette synthèse comporte deux points, le premier autour des compétences humaines et chrétiennes valorisées par cette formation, le second sur les compétences professionnelles.

2.1 La valorisation des compétences humaines et chrétiennes

Les évaluations évoquent quatre grandes catégories de compétences en cours d'acquisition. Quelques expressions typiques des évaluations sont apportées pour donner « chair » à ces catégories.

- Connaissance et acceptation de soi avec ses limites et ses atouts

  « Je garde également un excellent souvenir de la mission à Lérins. J'ai éprouvé la richesse « d'être là », de décider de m'ouvrir ou pas aux relations qui se présentaient. J'ai apprécié la manière dont ce projet a été conduit. Cela m'a fait découvrir beaucoup de choses : que dans un groupe c'est chacun qui est important et qu'il faut s'adapter à chacun plutôt que d'essayer de faire entrer tout le monde dans la même dynamique. Cette expérience m'a permis de prendre encore plus clairement conscience de limites personnelles que j'avais touchées durant l'année : une certaine raideur, une tendance à me « mettre la pression » et à transmettre de l'anxiété autour de moi, une habitude à agir « par devoir » : autant de comportements qui n'aident pas à faire du lien dans une équipe. »

- Développement de relations vraies, authentiques avec autrui mais aussi avec Dieu

  « Mon humanité : j'ai trouvé des frères, aussi parmi les gens [en formation]. J'ai le souvenir d'une personne avec qui je n'ai pas échangé un mot avant Noël et qui m'a souhaité une « Bonne année » retentissant à la rentrée de janvier – du coup, une relation a commencé entre nous. J'ai davantage pris conscience des images dans lesquelles nous pouvons nous enfermer et enfermer les autres […]. Dans ma relation à Dieu, j'ai progressé dans trois domaines : la confiance, l'abandon et le dépouillement. J'ai l'impression que tout ce que je voulais garder m'a été enlevé et que j'ai dit « oui » à ça. J'apprends à faire confiance à Dieu au quotidien. »

- Développement d'une capacité à vivre la vie collective ou le groupe ou l'équipe avec une ouverture à la diversité des personnes, à l'altérité

  « L'axe de mon plan de formation qui a le plus évolué, c'est l'aspect humain. J'étais une personne un peu passive. Tous les échanges et les cours ont ouvert mes horizons. Cela m'a rendue plus curieuse. J'ai beaucoup plus envie d'impacter positivement la vie des gens autour de moi. La théologie m'a marquée, mais surtout la philo, une discipline de laquelle je me pensais totalement étrangère. Or, pas du tout : elle nous permet de comprendre le monde et les comportements humains – les différentes attitudes des gens autour de nous. »

« J'ai découvert que ma propre vision n'était solide que si elle avait été confrontée à la vision de l'autre. Tant que je n'ai pas rencontré la différence de l'autre, tant que je reste uniquement dans mon monde, je ne peux pas savoir si ma conviction est solide. »

- Développement de la vie chrétienne sur les trois piliers que sont la vie fraternelle, le service du monde et parfois du « plus petit », le témoignage en tant que disciple du Christ

  « Le moment le plus fort pour moi de cette année a été le stage avec de jeunes enfants défavorisés parce que j'y ai eu la confirmation de certains désirs intérieurs. Cette confrontation à une autre réalité sociale a pas mal chamboulé mon esprit et cela m'a aidé à prendre une décision pour orienter ma vie - et ma vie professionnelle en particulier. »
  « Durant la mission, où j'étais engagée dans la création de l'exposition sur les acteurs de la solidarité à Lérins, j'ai été très marquée par l'émotion qui se dégageait de tout ce que nous avons fait. Le contact avec les personnes qui visitaient l'expo m'a montré que les gens étaient sensibles à tout ce travail d'humanisation qui se fait ici ou là. C'est de cela que je rêve pour ma vie : être une personne qui révèle le sens de l'humanité, sa beauté. »

Le poids des transformations porte bien sur ces quatre pôles qui concernent des acquisitions de compétences essentiellement relationnelles dans le rapport à soi-même et aux autres sans oublier la relation à Dieu. Nous avons donc une formation qui travaille sur le développement humain global, en soulignant la centralité de la relation dans ce qui fait l'humain : l'homme est bien un être de relations. Alors les dispositifs vécus en groupe, avec une insistance sur la dimension collective ou communautaire chrétienne, sont perçus par les étudiants comme les lieux de formation primordiaux. Parmi les dispositifs les plus cités, nous retrouvons la vie communautaire en maisonnée, les week-ends spécifiques sur la vie de jeunes disciples (« jeunes disciples ») en lien avec Fondacio, une mission menée en groupe (à Lérins pour

cette année-là), le week-end de groupe vécu à Pénestin pour présenter son Projet De Formation (PDF) aux autres participants. Tous ces dispositifs n'étaient pas mentionnés et valorisés par la plaquette.
Une interrogation demeure sur cette importance donnée aux dispositifs collectifs, au regard du peu de mentions relatives à l'accompagnement personnel qui a été mis en place et qui demeure un dispositif original. La question du vivre-ensemble prend ici le pas sur l'interpersonnel et le personnel sans toutefois les oublier. Très majoritairement, les participants disent se découvrir et apprendre à se connaître grâce aux autres même si certains dispositifs sont seulement cités dans le bilan pédagogique alors qu'ils ouvrent aussi à une meilleure connaissance de soi (ennéagramme, fiche personnalisée de plan de formation).
A ce stade les évaluations montrent l'importance de la construction de l'humain relationnel avant même l'acquisition de compétences spécifiquement professionnelles. En voici une synthèse schématique :

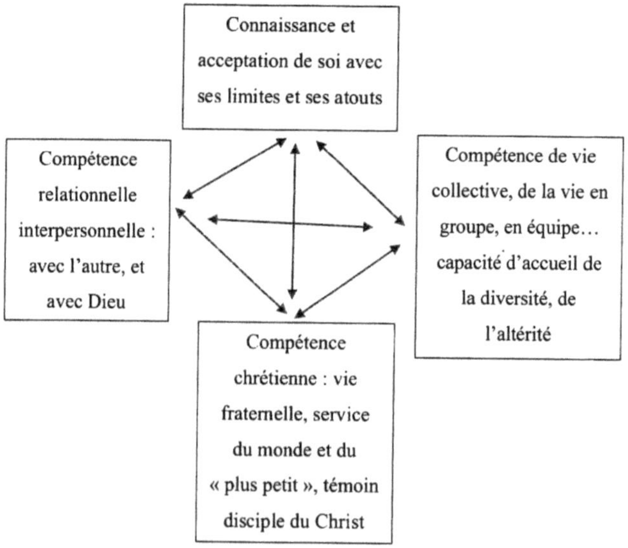

2.2 Et les compétences professionnelles ? Des compétences indirectement valorisées

Curieusement les compétences professionnelles visées par le DU et décrites dans la plaquette ne sont pas directement citées. Ce point peut éventuellement interroger sur la dimension professionnalisante de ce Diplôme d'Université. Aucun apport cognitif sur le management n'est mentionné comme source de transformation. Seuls les cours de théologie, philosophie, et l'œcuménisme sont par cinq fois mentionnés (sur 9), en soulignant leur importance pour l'ouverture à la différence. Ces cours occasionnent une transformation de la conception ecclésiale, de la foi. Pourtant, si les compétences de management ne sont pas directement citées, on peut supposer que les nouvelles compétences humaines acquises favorisent et garantissent un management enraciné dans une vie chrétienne et dans une qualité de relations humaines.

Le dispositif professionnalisant du « stage » est apparu dans presque tous les témoignages, il est donc en bonne position, perçu comme « temps fort » qui a pu enthousiasmer, voire bousculer. Pourtant ses effets ne sont guère détaillés. Il est difficile d'en percevoir les impacts sur le plan des objectifs précisément visés par la formation.

Cette conclusion a pourtant été contestée lors du débat dans l'atelier car les compétences professionnelles ne peuvent se manifester réellement qu'en situation d'emploi. De ce fait, il a semblé logique aux participants de l'atelier que soient seulement mentionnées les transformations humaines personnelles. Cette relecture faite en atelier a déplacé les questions finales.

D'autres transformations citées par les étudiants concernent une prise de décision pour l'avenir, non pas directement en vue d'un travail mais plutôt d'une nouvelle formation à acquérir. En ce sens le DU semble opérer comme un lieu de discernement et d'orientation de vie. Le dispositif d'accompagnement personnalisé avec projet de formation et projet professionnel semble fonctionner même si deux participants ne peuvent préciser dans quel type de travail ou d'études il va s'investir à la suite de cette année. Une cohérence de vie s'est dessinée, un sens de la vie et de la foi s'est consolidé…

3. Questions finales

Si les postures humaines sont essentielles pour mener des projets dans un esprit éthique et chrétien, et bien plus largement pour tout type de profession, ne faut-il consentir à développer des dispositifs de temps collectifs avec un accompagnement de proximité ?

Comment améliorer l'approche des dispositifs universitaires habituels (stage, mémoire, cours) pour permettre des ponts entre compétences humaines et compétences professionnelles ?

Plus précisément ici : Comment les méthodologies de projet et de management peuvent être approfondies dans une perspective chrétienne ?

Typologie de transformations d'adultes en formation[186]

Claire Bernier

1. Le projet de formation

L'objectif de ce cycle est de former des formateurs compétents pour le travail liturgique en Église dans ses différents aspects. Il a été mis en place par les Services diocésains de Pastorale liturgique et sacramentelle en lien avec les évêques de la Province ecclésiastique de Rennes.
Ce cycle se déroule sur sept weekends répartis sur deux ans avec des interventions d'experts, des échanges entre participants par petits groupes et des temps personnels. Les rencontres sont ponctuées par des célébrations et des temps de prière. Un travail entre les sessions implique que les étudiants se retrouvent par proximité géographique. Le dispositif prévoit aussi que chaque étudiant bénéficie localement d'un tuteur ayant des compétences en liturgie.

2. Les évaluations des étudiants

Lors de la dernière rencontre, ce cycle de formation a fait l'objet d'une évaluation sous la forme d'un écrit d'une page recto-verso qui a été remise à l'équipe organisatrice. Notre lecture des soixante-quatorze évaluations issues de trois cycles successifs, a été attentive aux expressions faisant état de transformations, de changements, formulés explicitement par l'auteur, ou aisément repérables dans l'articulation de son propos. Le libellé en vue de

---

186 A partir de l'atelier « Le CYFFAL » : Cycle de Formation de Formateurs à l'Animation Liturgique.

l'évaluation suggérant de rendre compte d'éléments de transformations[187], de nombreuses expressions ont été explicites, en voici un exemple : « Le CYFFAL est une expérience perturbante : on ne revient pas d'un weekend CYFFAL sans traces, sans changements, sans transformations ».
Le plus souvent, les réponses permettent d'identifier le candidat. Seuls quatre questionnaires ont été retournés « anonymement ». Nous avons ainsi repéré un public de participants, constitué très majoritairement de personnes laïques et de huit ministres ordonnés (diacres). La répartition est de 58 % de femmes et de 42 % d'hommes. Les profils de leurs missions sont assez différents[188], le point commun étant qu'elles nécessitent des compétences liturgiques. Pour participer à ce cycle de formation, il convient d'être envoyé par sa paroisse, un service diocésain, ou un diocèse.

3. Trois types de transformations

Le terme de « conversion » a été utilisé seulement dans trois questionnaires. « Il n'est pas simple d'en parler » écrit l'un ou l'autre participant et de fait, l'évaluation, même si elle appelle une expression sur les transformations, ne donne pas accès au for interne des personnes ; celles-ci peuvent avoir fait une expérience de conversion sans que cela soit possible de l'identifier sur le bilan écrit. Nous avons regroupé les transformations en trois grands « types » :

---

187 Question posée : Session 2011-2013 « Suite à votre participation au CYFFAL, que retenez-vous, qu'est-ce que cela vous a fait vivre, comment avez-vous évolué ? ». Sessions 2005-2007 et 2008-2010 : « Si vous aviez à présenter le CYFFAL à quelqu'un qui serait intéressé :

- Que diriez-vous de l'expérience que vous avez vécue ?
- En quoi cette formation a-t-elle enrichi votre foi et modifié votre expérience personnelle de la liturgie ?
- Partant de votre expérience, sur quoi attireriez-vous l'attention ? »

188 Services de pastorale liturgique et sacramentelle, commission d'Art sacré, organiste, animateur de chants, laïc en mission ecclésiale en paroisse près des jeunes, etc.

- **Un cheminement sans crise :** les personnes soulignent le caractère enrichissant, confortant de la formation par rapport à leurs acquis préalables.
- **Une crise, des résolutions différentes** : la crise intervient du fait de la remise en question des représentations avec lesquelles les étudiants arrivent en formation.
- **Un itinéraire :** au terme de la formation, qu'ils aient vécu une crise ou non, les étudiants ont intégré le caractère dynamique de la foi et de sa transmission. Pour eux, le fait que « des choses bougent » est inhérent à la foi, et ils acceptent que cela se poursuive.

Dans chaque « type », nous avons identifié des sous-ensembles présentés dans ce tableau :

Un cheminement sans crise	Une crise	La foi comme un itinéraire
L'accumulation	Une crise traversée	Un chemin d'humilité qui met en marche pour la transmission
La synthèse	Un mouvement de « déconstruction-reconstruction »	Une expérience spirituelle qui intègre le caractère dynamique de la foi
Le « cœur » du message	Une crise pas encore pleinement traversée	

4. Type 1 : Un cheminement sans crise

Les participants ont déjà reçu une formation initiale, le plus souvent dans le domaine de la liturgie. Ils reviennent du CYFFAL, enrichis de nouvelles connaissances qui ne remettent pas en question leurs représentations et acquis préalables. Ainsi le mouvement de transformation est perçu et désigné comme positif ; tout au long du parcours, il y a une confiance dans le dispositif. La diversité des participants conforte l'étudiant qui repère que « dans des contextes pourtant divers, les autres ont les mêmes difficultés ou joies qu'[eux] ». Dans ce cheminement sans crise, on repère plusieurs stades ou étapes.

4.1 L'accumulation

L'étudiant attend de la formation qu'elle enrichisse ses connaissances ; il est sensible à l'érudition des intervenants et à leur disponibilité pour discuter. L'assimilation n'est pas toujours au rendez-vous et il y a un phénomène d'empilement de savoirs. Son évaluation ressemble parfois à un catalogue des nouvelles découvertes ou de redécouvertes et, il semble aller de soi que cette formation en appelle d'autres.

4.2 La synthèse

A l'occasion du CYFFAL, des apports entrent tout à coup en résonnance avec d'autres savoirs préalables jusqu'alors non assimilés ou parfois oubliés : « Faire le CYFFAL a été pour moi une expérience très enrichissante… beaucoup de choses n'étaient pas nouvelles, mais la formation m'a permis de les mettre en regard les unes avec les autres, de les approfondir et d'en faire la synthèse. ».

Les interventions ou les échanges en petits groupes permettent de « mettre des mots » ou/et de prendre du recul sur ce qu'ils savaient, faisaient déjà. Cette meilleure cohérence interne de l'apprenant lui procure une assise plus solide qui accroît son aisance et sa crédibilité dans son rôle social : « Cette formation m'a permis d'être plus à l'aise, plus solide auprès des personnes que je suis amenée à rencontrer ou à former » ; « Les travaux intersessions m'ont rassurée sur mes capacités… Je me sens plus à l'aise dans les préparations de célébrations avec les ministres ordonnés et les laïcs. »

4.3 Le cœur du message : toucher un point focal

Ici la mise en cohérence tend à la « simplification », au simple par opposition au complexe ; elle naît de la perception de « l'essentiel », de la « quintessence » comme l'expriment les étudiants. Ils dépassent le stade de l'accumulation comme celui des mises en cohérence parcellaires, qui ont pu valoir jusqu'alors. Les appuis sont clairs et il n'est plus besoin de les multiplier. L'étudiant abandonne ce qui n'est plus de l'ordre de l'essentiel ce qui le conduit même à laisser des crispations tomber : « Je crois avoir découvert la place centrale de la liturgie dans la vie chrétienne, place ontologique et non plus utilitaire. Célébrer est devenu pour moi une attitude ou une action à part entière, source de vie pas uniquement spirituelle. On devient plus indulgent, plus patient et plus efficace, parce que plus précis dans le repérage de ce qui pourrait être amélioré. Je me découvre capable d'émettre un avis ferme, serein et motivé. »

Dans ce dernier cas de figure, nous voyons que le dispositif mis en œuvre lors du CYFFAL semble permettre, d'honorer la quatrième piste proposée dans cet ouvrage par Jean-François Amherdt qui touche au contenu de l'évangélisation : « …La formation théologique et doctrinale requise mobilise l'intelligence, les capacités de discernement et de synthèse, aussi bien que les compétences relationnelles et communicationnelles, pour savoir pointer ce qui est primordial et l'articuler de manière cohérente et attractive »[189].

Globalement, quel que soit le stade atteint, pour les étudiants reconnus dans ce « cheminement sans crise », apprendre est un mouvement positif harmonieux qui structure, ajuste et affermit leurs représentations et leur foi. Si l'on considère la métaphore de la carte (Fabre) pour illustrer ce type « cheminement sans bouleversement », pourrions-nous imaginer ces étudiants quittant le CYFFAL avec des cartes diverses, allant d'une carte très dense pas toujours très lisible et peu exploitable, au plan clair et partageable d'un espace assez vaste ?

5. Type 2 : Une crise

Dans ce type se retrouvent toutes les expressions qui font état d'une « remise en question », d'un « bouleversement », d'un « profond changement », d'un « inconfort », d'une « expérience dérangeante ». Au fil des week-ends, par les échanges en petits groupes ou/et à travers les apports des intervenants, ces étudiants perçoivent d'autres façons de penser et d'autres pratiques qui contrarient les leurs et suscitent un moment « douloureux », une crise. L'issue varie d'un individu à l'autre.

[189] Cf. p. 96.

5.1 Une crise, mais une remise en question impossible

Dans ce cas, la personne en formation ne peut laisser échapper ses repères et tout ce qu'elle a construit de cohérence. La diversité est nommée « hétérogénéité » : « Le plus difficile est d'accepter de laisser l'autre faire différemment de nous-mêmes ».
Différentes stratégies se font jour :

- Le manque d'utilité de la formation est pointé, son décalage entre ce qui était annoncé et ce qui est fait : « L'impression que me laisse cette formation, c'est qu'on part de tellement loin qu'elle paraît très intellectuelle, loin justement d'une expérience alors que ce mot est sans cesse utilisé ». Pour certains, leur situation, leur mission, ou leur diocèse sont tellement spécifiques que les autres participants ne peuvent rien leur apporter d'utile ou de pertinent : « Il faut cependant prendre conscience que ce qui peut être fait dans un tel environnement n'est pas obligatoirement transposable dans nos paroisses ».
- Parfois, l'étudiant capitule et ne se sent plus à sa place ; le travail et les lectures à mener inquiètent, les conseils méthodologiques jugés inutiles ne sont pas appliqués. Le manque de temps, l'âge, l'inadéquation avec les objectifs de la formation sont évoqués comme des obstacles majeurs : « Je ne me sens pas apte à de grandes responsabilités ni à être formateur ».
- D'autres enfin, neutralisent tout changement en trouvant finalement le moyen de conforter les représentations pourtant bousculées : à la faveur d'une large bibliographie, ils optent pour un livre où ils trouvent des éléments qui renforcent leur façon de croire ou les difficultés dont ils sont convaincus qu'elles n'ont pas de solution. Nous trouvons les expressions suivantes : « Cette formation ne m'a rien apporté », « ce qu'on a appris et réalisé au cours de ces deux années permet d'avoir un simple avis, mais surtout pas de changer les choses, d'ailleurs ce n'est pas souhaitable, peut-être de les faire évoluer. » Dans ces situations, le changement semble empêché.

5.2 Un mouvement de « déconstruction-reconstruction »

La remise en question est vive, difficile : ce qui a été cru pendant des années s'effondre. Pourtant, assez vite, au cours du cycle de formation, ces étudiants trouvent les ressources pour rebâtir un « édifice ». Celui-ci est assez différent du précédent, mais suffisamment cohérent pour fournir la solidité recherchée. Ainsi, ils quittent la formation en ayant fait ce travail de « déconstruction-reconstruction » qui sera peut-être renouvelé à la faveur de la formation suivante. Ici l'inscription de la formation dans la durée est un atout pour parvenir à une solidité suffisante. Parfois, ce qui favorise l'entrée dans ce mouvement de « déconstruction-reconstruction », c'est que la crise était « pressentie ». Elle surgit à un moment charnière de la vie de la personne : « J'avais quelques bagages théologiques antérieurs, une expérience non négligeable, mais j'ai été assez vite prise de vertige ; d'où un moment de panique. Cette formation est venue à point nommé dans un parcours spirituel marqué sans doute par l'entrée dans une nouvelle étape de la vie (j'ai eu 50 ans cette année). »

5.3 Une crise qui n'est pas encore pleinement traversée

Il est possible qu'on trouve dans ce groupe des personnes qui n'ont pas répondu à l'évaluation (53% de réponses à la dernière session soit 13 non-réponses ; 78,5 % en 2008-2010 soit 9 non-réponses). Certains expriment un chemin de réconciliation en cours ; d'autres restent sur des questions encore non résolues : « Comment faire accepter sans bousculer les habitudes ? » Dans ce type, marqué par la crise qui menace ou surgit, apparaît la difficulté pour les apprenants de quitter leur terre ferme ; certains s'y risquent à condition d'en trouver une autre (sans doute ont-ils aussi la prudence de garder du « hors question » décrit plus haut par Michel Fabre)[190]. Est-ce l'expression d'un refus de l'ère de la précarité décrite par Henri-Jérôme Gagey dans cet ouvrage ? Il y aurait peut-être à chercher comment le dispositif du CYFFAL, pour aider à saisir la crise comme une chance, pourrait suggérer aux personnes concernées, le discernement

---

[190] Cf. p. 50.

proposé par le théologien Henri-Jérôme Gagey, entre une référence « idolâtrique » et un attachement « iconique » à la tradition[191].

6. Type 3 : Un itinéraire

Au terme de la formation, qu'il y ait eu crise ou non, un pas déterminant est fait : la foi est comprise par ces personnes comme un itinéraire, une entrée dans le mystère qui se fait peu à peu, tout au long de la vie. Elles consentent à cette dimension vivante de la foi qui les ouvre aussi à l'exigence de passer le relais, de transmettre. Ainsi, il s'agit peu à peu « [d'] accepter d'être déplacé, bouleversé, de lâcher prise pour mieux pénétrer le mystère et mieux communiquer aux autres cette extraordinaire richesse ». Ces personnes acceptent une sorte de précarité viable parce qu'elles savent en qui elles mettent leur foi. Pour qui y consent, s'ouvre alors un chemin de croissance.

6.1 Un chemin d'humilité qui met en marche pour la transmission

Les étudiants de ce type, témoignent qu'entrer dans cet itinéraire qu'est la foi, est possible grâce à une posture d'humilité (posture qu'ils soulignent massivement comme étant un trait marquant des animateurs et intervenants du CYFFAL) et de disponibilité au changement, de lâcher-prise : « Cet immense bonheur de suivre cette formation s'est accompagné d'un aussi immense bouleversement, une remise en cause. Il y avait de fortes résonnances avec ma propre existence et mes intuitions, mais aussi des divergences. Il faut beaucoup d'humilité, d'accueil, de disponibilité pour ne pas écouter seulement ce qu'on a envie d'entendre et qui justifie notre point de vue, mais s'ouvrir, se remettre en cause. Et maintenant je savoure les fruits. » « J'ai plus conscience d'être au service des autres, de l'Église et de Dieu. Je suis aussi plus humble, et donc peut-être moins stressée, car j'ai le sentiment d'être un instrument dans les mains de Dieu et que tout ne dépend pas de moi. [...] Le rôle des animateurs de

[191] Cf. p. 70.

la liturgie est de simplement mettre en œuvre afin de laisser la place à l'action de l'Esprit pour qu'il guide chacun dans la rencontre du Seigneur. »

6.2 Une expérience spirituelle qui intègre le caractère dynamique de la foi tout au long de la vie

Les participants mentionnent volontiers avoir vécu une expérience spirituelle pendant le CYFFAL. Celle-ci leur donne notamment de se reconnaître héritiers, appelés à transmettre à leur tour : « J'ai pris conscience du long cheminement de foi au long des siècles. La foi, je la reçois de tous ces personnages de la Bible, des apôtres… et je me sens ce petit maillon qui est appelé à transmettre à son tour. »

L'entrée dans ce dynamisme de la foi suppose d'être soi-même en mouvement vers un cap, muni, si on reprend la métaphore, des cartes et de la boussole qui permettront la progression. Ainsi, le participant est ce croyant qui dans l'Esprit, chemin faisant à la suite du Christ, entre dans une plus grande intimité avec le Père : « Cela me donne à dire aujourd'hui que dans la foi, il faut toujours être prêt à accueillir et ne jamais rester sur ses acquis. » « Ce qui a été sensible et visible, c'est le grand chamboulement de ma vie chrétienne. Ma foi est bien vivante, à faire grandir chaque jour. Avec la grâce de Dieu, l'Esprit Saint agissant, je sais que je continuerai dans ma croissance ».

Il est à noter que c'est du sein de ce groupe qui perçoit la foi comme un itinéraire, qu'ont été repérables des expressions citant le terme de conversion : « Je découvre alors que la liturgie m'invite à faire une expérience spirituelle, à vivre quelque chose du mystère pascal, à répondre à une convocation du Seigneur, à poser un acte missionnaire… ça m'oblige à faire une vraie conversion. ».

Au terme de cette analyse, il nous semble qu'une des vertus de cette formation du CYFFAL, est de permettre des transformations qui, lorsqu'elles sont acceptées, conduisent les agents pastoraux à être aussi les disciples missionnaires qu'appellent le pape François. Sans doute est-ce le fruit d'un bon équilibre dans la façon dont les critères proposés par Catherine Chevalier sont honorés : prise en compte des besoins des sujets, place pour l'expérience croyante et du donné de la foi, tout cela du sein d'une appartenance ecclésiale où l'engagement pastoral des participants assure une « proposition de la foi en permanence en relation avec l'expérience [notamment liturgique][192] ».

Ces adultes, aux profils divers, s'expérimentent, avec d'autres, héritiers d'une longue tradition et, conduits par leurs animateurs, ils déchiffrent plus profondément le sens de leur espérance. Grâce à de nouveaux savoirs qu'ils sont amenés à verbaliser dans les échanges en petits groupes, avec leur tuteur local ou dans leur mission pastorale, grâce à une expérience spirituelle renouvelée et à une maturation possible par l'inscription du CYFFAL dans un temps « long », ils entrent alors pour la plupart dans ce mouvement ininterrompu et vivant de la transmission. Se reconnaissant membres d'un même peuple, équipés de cartes et de boussole, les voilà en marche ; les yeux rivés sur un horizon partagé, ils consentent à l'itinérance qu'appelle la foi au Christ.

---

[192] Cf. p. 80-84.

La formation comme itinéraire pour des acteurs ecclésiaux appelés[193]

Christophe Pichon

1. Le projet de formation

Quatre diocèses au départ (Créteil, Evry, Pontoise, Meaux) en 2004, puis cinq (Saint-Denis) en 2008 se sont associés avec la faculté de théologie de l'Institut Catholique de Paris pour former des personnes qui assument et assumeront des responsabilités pastorales pour au moins un mi-temps (secteur, paroisse, service diocésain, mouvement). L'année 2011 est l'occasion d'une révision de la commande initiale pour plusieurs raisons : des changements d'évêques ; le besoin de clarifier l'apport mutuel de la Faculté et des formations diocésaines, dans un contexte de rationalisation des moyens financiers ; une raréfaction des candidats ; des besoins ré-explicités (« souhait d'une meilleure connaissance de la Parole de Dieu, plus grande possibilité d'appropriation et de validation, un cadre facilitant la cohérence et le niveau de la formation »). La proposition est revue en concertation : les évêques, les responsables de la formation FIDES et le *Theologicum* de Paris via *l'Institut d'Etudes Religieuses*.

La proposition renouvelée est mise en œuvre à partir de 2012. Le public visé demeure identique. Les objectifs sont formulés comme suit :

- Acquérir et développer des savoirs fondamentaux nécessaires à l'exercice de la responsabilité (théologiques, bibliques, ecclésiaux, anthropologiques).

193 A partir de l'atelier « La Formation Inter Diocésaine Evangéliser, Servir (FIDES) – IER Paris et diocèses ».

- Développer des savoir-faire et savoir-être spécifiques à l'exercice d'une mission à visée pastorale (capacité relationnelle et spirituelle, sens du discernement pastoral, de la communion et de la mission, pratique de la relecture).

Les participants à la FIDES suivent l'année d'initiation de l'IER moyennant un aménagement des validations (au regard des validations demandées par ailleurs à l'IER). S'ajoute un suivi par les diocèses de manière propre et diverse (Créteil : des journées spécifiques).
Les expressions d'adultes analysées ici proviennent du diocèse de Créteil qui a toujours choisi de faire de cette formation un préalable à la mission confiée. La formation s'intègre ainsi dans « un processus de nomination et d'envoi en mission des Laïcs Chargés de Mission Ecclésiale » en plusieurs étapes. Il importe de le souligner, car ce dispositif influe directement sur la manière dont les participants s'investissent dans la formation. Les premières étapes se déclinent comme suit. Après consultation d'une commission de discernement, la personne interpellée est envoyée en formation FIDES. En fin de formation, la personne formée et l'équipe diocésaine de formation préparent un dossier d'évaluation en deux parties indépendantes. Après la formation, une concertation entre le vicaire général, la personne qui a envoyé à la Fides et un membre de l'équipe diocésaine Fides est organisée. Le processus se poursuit… Le matériau étudié correspond à l'expression de stagiaires dans le dossier d'évaluation finale du diocèse de Créteil (7 dossiers d'évaluation datés de 2013).

2. Sept pôles de transformations pour des itinéraires avec carte et boussole

Les transformations sont exprimées à l'aide de verbes à l'actif (« j'ai découvert », « j'ai mesuré ») ou au passif (« ce qui m'a touché ») qui laisse entrevoir que les participants se forment et sont formés tout en même temps. Ce processus vaut pendant la formation, mais se poursuit ensuite, après la formation : « Tout cela *m'a fait* réellement *prendre conscience* » et « je *prends* de plus en plus *conscience* de la place de la foi ». La prise de conscience a eu lieu (passé), mais demeure vive (présent). « Je pense que ces quelques mois sont une faible introduction et que c'est toute notre vie que nous devons sans cesse nous former ». Le temps de la formation n'est donc qu'un temps dans un processus de transformation, mais il peut marquer une rupture. Il y a un avant et un après : avant la formation « je ne l'envisageais pas » écrit une participante.

Un des moteurs des transformations est le questionnement (« Je n'arrêtais pas de me demander »), qui permet ensuite différentes opérations que les verbes utilisés viennent préciser : il s'agit de comprendre, mesurer l'importance de, découvrir, changer de point de vue. Cette transformation n'est pas qu'intellectuelle, car d'autres verbes sont nécessaires pour décrire les changements intervenus. Etre touché, bousculé, éprouvé de la joie signalent la place des affects dans la formation. Quant aux résultats, ils sont exprimés en termes d'acquis et acquisitions, mais aussi d'unification ; par exemple : « J'ai le sentiment d'une certaine croissance morale personnelle. J'ai mis de la rationalité là où il n'y avait que vague intuition, des questions ont été éclaircies, j'ai gagné en cohérence, je me sens plus 'unie' ».

Nous proposons de regrouper ce qui est dit par les participants de leurs transformations à l'aide de la métaphore de l'itinéraire, de la carte et de la boussole.

2.1 L'acquisition de savoirs théologiques : des tracés de routes, recopiés et enrichis

L'acquisition de savoirs théologiques est en quelque sorte la carte sur laquelle il s'agit de se repérer. Ce repérage ne va pas sans un mouvement premier de perte de repères, puis de découvertes et de mise à leur place d'éléments. Elle concerne les champs du savoir de la formation (théologiques et sciences humaines, avec une prégnance pour la théologie) dispensés via des « enseignements ». Elle est formulée surtout comme :

- Approfondissement du mystère du Christ, qui est aussi une « révélation » : « Ce que je retiens du cours de christologie, c'est le mouvement de kénose, de cet amour infini de Dieu venu jusqu'à nous sur terre » ; ou encore

« les cours et les TD de christologie n'ont pas à mes yeux amoindris le mystère du Dieu de Jésus Christ, bien au contraire, tout au long des séances, j'en ai réalisé la profondeur ».

- Changement de point de vue notamment sur l'Eglise et son histoire avec l'importance de Vatican II : « Je cherche à suivre la 'boussole fiable' qui nous a été transmise lors de Vatican II » ; « comprendre que nous faisons partie d'une Eglise qui a une histoire et qui est dans l'histoire ».
- Acquisition de méthodes de travail pour approfondir par soi-même ce mystère, et notamment un rapport aux Ecritures renouvelé : « La Bible me paraît plus compréhensible (…) n'est pas l'équivalent d'un catéchisme. (…) Ce texte est ancien, mais toujours d'actualité, car il s'adresse à tous les hommes ».
- Les participants gagnent en autonomie dans l'usage de leur carte : « Cette première année faite en deux ans m'a permis d'acquérir des premiers outils et surtout des méthodes de travail pour approfondir par moi-même mes connaissances ».

2.2 Rendre compte et confesser sa foi : parler de son chemin et du « Premier de cordée »

Dans cet itinéraire, une deuxième transformation consiste à apprendre à prendre la parole pour dire les mots de la foi, en rendre raison, répondre aux questions posées par les contemporains. Il s'agit à la fois de parler de son propre chemin en liant ce qui est dit à la confession de foi au Christ. Pour ce faire, les participants engagent un quadruple travail :

- Ils mènent un effort de rationalisation, un travail de l'intelligence pour « penser »[194].

[194] « (…) Tout cet effort de rationalisation fait depuis 2 ans m'a comme poussée dans mes retranchements et fait faire un saut dans la foi tout simplement ». « De manière générale, il n'est pas évident de *penser* l'Eglise comme corps du Christ. Cette idée m'a même révoltée en première année, je me disais : 'Mais c'est un corps difforme, abîmé, ce n'est pas digne de lui' »

- Ils apprennent à nommer : « Tout cela m'a permis (…) de mettre de mots sur ma foi ») et confesser (« Aujourd'hui, je peux dire que Jésus est vraiment le Fils de Dieu. Je crois que c'est le plus gros acquis de cette formation »). Ce sont deux manières distinctes de prendre la parole.
- Leur vocabulaire final change. Cette expression désigne pour Richard Rorty « les mots dans lesquels nous racontons, tantôt prospectivement, tantôt rétrospectivement, l'histoire de notre vie. Pour désigner ces mots, je parlerai du "vocabulaire final" d'une personne. Ce vocabulaire est "final" en ce sens que si l'on met en doute la valeur de ces mots, leur utilisateur n'a pas de recours raisonné (argumentative) non-circulaire. Ces mots représentent le plus loin qu'il puisse aller avec le langage ; au-delà il n'y a que passivité impuissante ou recours à la force[195] ». Une participante écrit : « Je me suis rendu compte que nous avions à opérer un changement dans nos mentalités ou plutôt dans notre vocabulaire : Etre initié par les sacrements et non aux sacrements » ou encore « (…) la notion même de sacré a basculé. Que veut dire 'révélation' si le texte existe en plusieurs versions ? »
- Enfin, les participants disent avoir appris à argumenter (plus ou moins) et à rendre raison de leur foi. L'un d'eux se reconnaît « plus apte à répondre aux questions sur la foi chrétienne, qu'elles viennent de personnes en recherche ou de personnes hostiles à la religion catholique ».

2.3 La « relation au Seigneur » : invoquer son Guide

A plusieurs reprises, les participants signalent les changements intervenus dans leur relation au Christ. Pour reprendre la métaphore de l'itinérance, ils ne sont pas seuls pendant leur pérégrination. Le Christ et l'Esprit sont présents à ces transformations. C'est d'abord l'amour du Christ qui est souligné par une participante (« La christologie et la morale ont renforcé l'amour que je porte à Jésus-Christ »), *l'abandon à l'Esprit* par une autre (« Je me vois plus m'abandonner au souffle de l'Esprit Saint »).

---

[195] Richard RORTY, *Contingence, Ironie et Solidarité*, Paris, Armand Colin, 1993, p. 111.

La prière est le lieu d'expression de ces changements. La prière personnelle change (« en découvrant l'identité du Christ, j'ai aussi redécouvert Marie et je la prie beaucoup plus souvent »), la participation active à la liturgie également (« la liturgie est le lieu d'une *expérience* de rencontre avec Dieu et avec les autres »). Un conjoint perçoit ce changement : « Tu es plus fervente depuis que tu as fait cette formation ».

2.4 Des relations renouvelées et nouvelles : savoir dialoguer tout en marchant et en apprenant à lire la carte

Chemin faisant, les participants dialoguent, échangent, débattent. Parmi les apprentissages, celui de l'écoute est plusieurs fois mentionné : « J'essaie d'être plus à l'écoute, pour commencer de mon mari, de mes enfants, de ceux qui m'entourent, et ce sans juger, plus à l'écoute de l'actualité ». La formation elle-même a contribué à développer cette capacité d'écoute : « J'ai pu apprendre à écouter les autres et à les laisser parler ». Ce dialogue ouvre à un changement de représentation et d'attitudes, est un apprentissage qui demeure à faire y compris avec les croyants d'autres religions : « Changement d'attitude par rapport au monde musulman », « maintenant je vois avant toute chose que nous sommes tous des croyants », « je vois bien que nous n'existerions pas sans les Juifs, mais sur quelles bases entamer un dialogue, je ne vois pas bien ».

2.5 Une capacité de discernement : interpréter, relire, décider en tirant parti de son expérience

Les itinérants bénéficient des cartes qui leur sont présentées et qu'ils apprennent à lire, mais aussi de leur expérience, de leurs éventuels échecs. Ils développent en formation une capacité à faire des choix, à s'orienter, à discerner. Cette capacité s'exprime par la mise en mots de l'expérience (dont l'évaluation elle-même), la relecture et la croissance morale personnelles (décider et agir) pour être responsable de ses actes et vivre dans l'Esprit. Ainsi, à titre d'exemple, une participante écrit : « Le cours de morale a enrichi ma façon d'être. La marque de l'Esprit Saint inscrit en chacun de nous, don gratuit de Dieu, nous pousse à nous forger, à structurer nos habitus, à devenir meilleurs. (…) Je ressens une constante évolution de ma foi en priant l'Esprit, d'être là dans mon agir. Ce cours de morale m'a marqué, car je n'en voyais pas tout le déploiement ».

2.6 Enracinement dans le monde : explorer les moyens de communication et connaître les habitants

Les participants ne sont pas hors-sol, ils habitent un monde. Peu d'expressions pourtant mentionnent cette dimension, la compréhension du monde et ses mutations. Quelques allusions sont faites à la sécularisation, à la nécessité de comprendre les mutations numérique et anthropologique pour agir.

2.7 Des compétences pastorales : lire des coordonnées, attraper sa loupe

Les participants apprennent durant la formation à utiliser des « outils », à développer des savoir-faire : comment comprendre et utiliser les nouvelles technologies en vue d'évangéliser ; une action pastorale renouvelée (« attention à la beauté de nos célébrations de caté », « la lecture de la Parole au caté »), une capacité d'observer les pratiques de l'Eglise et de comprendre y compris les « frictions ».

3. Ce qui dans le dispositif facilite ou freine la marche

Les participants parviennent-ils à établir des liens entre les transformations qu'ils évoquent et le dispositif de formation ? Autrement dit, comment la conception et la mise en œuvre de la formation favorisent-elles ou non l'une ou l'autre de ces transformations ? Quelques expressions apportent quelques éléments de réponse :
Des relations renouvelées et nouvelles sont favorisées par l'organisation de la vie du groupe, beaucoup y insistent, qui permet un « partage », « un soutien ». Les Travaux Dirigés (TD) sont un des moments privilégiés « car nous sommes en petit groupe, nous apprenons à mieux nous connaître, ce qui favorise la discussion. (…) Tout cela m'a permis de me poser des questions que je ne m'étais pas forcément posées jusque-là (…) partager à plusieurs sur ces questions (…) s'éclairer les uns les

autres ». Les temps de groupe FIDES qui regroupent les participants à cette formation durant le déjeuner « permettent de reprendre ce que nous apportent les cours, nos joies ou difficultés ».

L'acquisition de savoirs théologiques est favorisée par les validations et l'exigence universitaire, les temps de reprise. La dimension universitaire transparaît moins comme un but que comme un moyen : « Les partiels lors de cette première année m'ont occupés un temps certain, j'ai eu à cœur de les travailler le mieux possible moins pour la 'note' attribuée que pour arriver à synthétiser tout l'enseignement reçu ».

Pour apprendre à rendre compte et confesser sa foi, le discours théologique *argumenté* et *rigoureux* apparaît comme un moyen essentiel d'y parvenir[196].

La relation au Seigneur a évolué notamment grâce au discours théologique et à un témoignage[197]. S'expérimente peut-être quelque chose du savoir théologique relationnel évoqué par Catherine Chevalier dans cet ouvrage[198].

La capacité de discernement est notamment déployée dans un temps et un lieu à l'écart[199], mais aussi pour un autre dans le cours sur la morale. Différents lieux du dispositif contribuent donc à favoriser cette transformation.

---

196 « La rigueur du cours de théologie », « le cours de liturgie donne un éclairage argumenté sur ce qu'est la messe et plus généralement la liturgie (...) une analyse raisonnée de ce qui compose la liturgie ».

197 « L'entrée dans les textes des théologiens étaient pour moi comme une prière, un temps à part, un temps où le Seigneur m'accordait la grâce d'accueillir sa présence » (christologie) « Le témoignage de B. entre autre sur la participation régulière en semaine à l'Eucharistie, nourriture qui la fortifie, m'a beaucoup touchée, j'y repense souvent ».

198 Cf. p. 81

199 « La journée de fin d'année, bucolique le matin, m'a aidé à faire le point sur ce que j'avais vécu pendant la première année, sur mes découvertes personnelles, joies, inquiétudes... je retiens le texte de la Parole partagée et les réflexions sur l'envoi en mission. Je me rends compte que les mots 'envoi' et 'mission' ont bien 'mûris' dans mon cœur, mon âme et mon intellect depuis cette journée ».

Pour favoriser l'enracinement dans le monde, sont mentionnés les sciences humaines et les témoignages[200].
Enfin, *les compétences pastorales* s'acquièrent grâce aux enseignements[201], à l'apprentissage méthodologique notamment de la lecture de la Bible, le partage via des blogs entre étudiants[202], les témoignages[203].
Il est remarquable que, dans leurs expressions, les participants soulignent qu'un même élément du dispositif peut contribuer à plusieurs des transformations évoquées. Ainsi les témoignages permettent un enracinement dans le monde, de développer des compétences pastorales à l'écoute de pairs ou encouragent à la relation au Seigneur. De même, les enseignements contribuent à mieux connaître Celui qui est prié (dogmatique), permet de développer des capacités à choisir (morale). Ce travail d'articulation suppose du temps, un facteur important dans le processus décrit. D'ailleurs parmi les freins évoqués à propos de ces changements, le manque de temps apparaît en bonne place, mais aussi le manque de pré-acquis, le rythme d'appropriation. Des découvertes « se succédaient rapidement, pas du tout sur le rythme lent de la découverte 'naturelle' des choses ».

Conclusion : l'expérience de la formation

En conclusion, les adultes permettent ici de dévoiler trois dimensions possibles d'une formation d'acteurs ecclésiaux.

---

200 « Après réflexion et les témoignages que nous avons reçus, je serais heureuse de m'investir auprès des autres (…) »

201 « Très vite grâce aux cours et TD j'ai consciemment et inconsciemment été plus à l'aise dans mon engagement paroissial : avec les animatrices en catéchèse, lors des temps de préparations sur tel ou tel point liturgique, théologique… »

202 « Le prêtre eudiste (…) nous fait échanger entre étudiants dans des blogs. Il part de nos remarques pour articuler son cours [d'ecclésiologie] Il y a un côté très concret qui me plaît beaucoup. Le partage avec les autres est réconfortant et stimulant ».

203 « Les multiples témoignages des chargées de mission en exercice ont été très précieux pour me faire une idée précise des conditions et des exigences de la mission » / « Un petit bémol personnel : les témoignages de plusieurs chargées de mission m'ont à la fois galvanisée (par leur enthousiasme communicatif) et un peu effrayée. Aurais-je les mêmes capacités d'organisation, la possibilité de consacrer autant de temps à une mission ».

a. La formation qu'ils ont suivie est au service d'un possible 'changement d'identité'

Une des expressions est tout à fait remarquable à ce propos, car le champ sémantique de l'appel y est plusieurs fois convoqué :

> « *Appel* à la formation FIDES
> *J'ai été appelée* par le Père.... que j'ai rencontré quand j'ai proposé mes services pour mettre en place un site internet (...). J'ai été très surprise d'être *sélectionnée,* car je n'ai pas d'expérience dans l'Eglise (...). *Je souhaiterais être appelée*, vivre ma vie de chrétienne dans le Service et l'Annonce. (...) Je serais heureuse de répondre à l'Appel de notre Evêque. Je reste à votre disposition pour mieux définir ensemble la mission que vous souhaiteriez me confier. »

D'interpellée pour participer à une formation, elle se découvre grâce à la formation appelée-envoyée en mission. Elle passe de l'idée d'une sélection à la conscience d'une élection qui la rend joyeuse.

b. La formation est aussi vécue comme un processus d'interprétation, de compréhension de soi, de son monde, sur le mode prophétique

> « Tout cela me fait réellement prendre conscience de ma responsabilité de baptisés dans l'avènement du Salut pour tout homme. Je ne peux faire autrement qu'être témoin, mais le suis-je vraiment ? »

Cette expression aussi prend tout son sens quand elle est corrélée à l'appel des prophètes dans la Bible, marquée par la récalcitrance. Quand Dieu appelle un prophète, on sait la résistance dont il fait preuve. Souvent l'appelé signale qu'il ne devrait pas l'être parce qu'il n'a pas les qualités requises. Pourtant, c'est ce prophète qui est envoyé. Cette participante signale aussi qu'elle doit *répondre de* (responsabilité), et suggère que c'est aussi une *réponse à* Dieu qui veut sauver tout homme. Sa prise de conscience est aussi un appel à être témoin, autrement dit conformer son agir, sa vie à cette mission reçue. La formation aura été pour elle au service de l'interprétation qu'elle a d'elle-même et de sa vocation, au sens d'appel.

c. La formation est conçue enfin au sein d'un processus d'orientation

Ce trait qui caractérise bon nombre de formation d'acteurs ecclésiaux est particulièrement soigné dans le cadre de la FIDES. « La raison de ma présence et de cette formation : envoyée par notre évêque et le diocèse en vue de me former pour une mission diocésaine » écrit une participante. C'est ce qui conditionne l'accord pour y participer (« la raison de ma présence ») et l'investissement durant la formation. L'appel est donc primordial, mais aussi le désir qui habite les personnes, leurs attentes exprimées ou non, leurs besoins. La formation est à situer dans une mission qui oriente ; cette formation, tout comme la mission, fait traverser des itinéraires inattendus. Ce qu'exprime à sa manière cette participante : « L'entrée en formation fut pour moi l'occasion d'exprimer ce que j'en attendais et dans quel sens j'espérais qu'elle me fasse évoluer. (…) Mais je dois dire que cette formation m'a également *fait bouger, déplacée dans des directions inattendues*. J'en mesure la qualité et la richesse et je rends grâce tous les jours de ce que je reçois ».

OUVERTURE
L'itinérance biblique, source d'inspiration des formateurs nomades

Christophe Pichon

Plusieurs métaphores sont évoquées en introduction de cet ouvrage, notamment celle de l'itinérance. Elle aide à croiser, de manière interdisciplinaire et sans indiscipline, différents points de vue sur le projet de formation d'adultes. Tous, prescripteurs de formation, formateurs ou formés, en Eglise ou non, sont impliqués dans les changements profonds qui affectent la société française, et plus largement le monde devenu liquide et insécurisant. Les terriens de la modernité ont laissé place aux marins de la post-modernité (Michel Fabre)[204]. Ce continuum a fait passer du char à bœufs, au train ou à l'avion, puis désormais au skate et au snow-board (Henri-Jérôme Gagey)[205] ; les contemporains apparaissant davantage qu'auparavant des *nomades* en quête d'orientation.

Les acteurs ecclésiaux soucieux de la formation chrétienne des adultes sont des adultes affrontés aux mêmes défis que leurs contemporains, ils sont en chemin eux aussi. Quand ils entendent former, ils se confrontent à un double titre, comme *adultes* et comme *formateurs d'autres adultes*, à la question de la nécessaire orientation, au recours à une carte ou des cartes, à une ou des boussoles.

Au fil des pages de cet ouvrage, la métaphore de l'itinérance s'enrichit en effet d'une carte (Michel Fabre), qui n'est toutefois

---

[204] Cf. ci-dessus p. 50.

[205] Cf. ci-dessus p. 66.

pas le territoire ni l'expédition concrète. Elle sert à se repérer, interpréter le chemin parcouru, imaginer de nouveaux itinéraires à emprunter. Puisque former, c'est contribuer à opérer des déplacements (Mgr Pascal Wintzer), la carte s'avère utile. Une boussole est aussi profitable pour aider à s'orienter, métaphore de la problématisation (Michel Fabre) : elle est dans les mains de celui qui s'oriente lui-même ou du groupe avec lequel il se trouve. Les adultes vivent en temps de problématisation continuée.

L'introduction signale un point aveugle de cette métaphore, celui du pôle qui aimante la boussole. Est-il construit ou reçu ? Que doivent faire les adultes, stagiaires ou formateurs, pour se déplacer ? Où aller, vers quel orient ? Qu'est-ce qui est promis au final ? Les rédacteurs de l'introduction interrogent : « Le pôle est à construire parmi une pluralité de repères possibles. On est en droit de se demander si dans la tradition chrétienne ce pôle n'est pas préexistant, proposé à tous ceux qui se rendent disponibles pour l'accueillir et l'adopter[206] ? »

Les quelques lignes qui suivent veulent repartir de là, ouvrir la réflexion, plus que la conclure, par un déplacement, un retour aux (res)sources, principalement bibliques, de la Tradition chrétienne. Elles veulent ainsi répondre à l'invitation de Michel Fabre qui signale que « *le schéma formel* [qu'il propose], (…) *celui de la carte et de la boussole, peut se remplir d'un cadre et de conditions qui sont ceux de l'expérience chrétienne ou celle d'autres religions* »[207]. En quoi ce schéma permet-il d'appréhender ce qui concerne *aussi* la formation chrétienne, mais sans doute également une manière spécifique de s'y référer ?

La Parole de Dieu poursuit sa course et invite les lecteurs auto-stoppeurs des Ecritures[208] - qui portent cette Parole - à se laisser conduire là où ils ne pensaient pas aller. De manière exploratoire,

---

[206] Cf. ci-dessus p. 21.

[207] Cf. ci-dessus p. 57.

[208] Pierre BÜLHER, « La mise en intrigue de l'interprète » dans *La Bible en récits. L'exégèse biblique à l'heure du lecteur*, Daniel MARGUERAT (ed), *Le monde de la Bible* 48, Genève, Labor et Fides, 2002, p.101 propose la figure du « mendiant herméneutique » : « *C'est un peu la mendicité de l'auto-stoppeur, à supposer que le récit soit motorisé, si je puis dire.* »

que pourrait révéler une lecture de l'itinérance biblique par des lecteurs-formateurs nomades ? Trois propositions, parmi d'autres possibles, aideraient à penser la formation chrétienne et la tâche des formateurs : l'orientation de ces nomades (l'exode), le pôle qui les guide (les mages) et le chemin sur lequel ils pérégrinent (les figures de disciples et les pédagogies des évangélistes).

1. La figure de l'exode : l'orientation des nomades

L'ouvrage est traversé par deux figures, celle de l'exode (« le sujet de l'exode » – Jean-Yves Robin) et celle de l'exil (Henri-Jérôme Gagey) qui pourrait s'exprimer dans l'impression de ne plus être chez soi (Mgr Wintzer). Laquelle choisir dans le corpus biblique pour faire œuvre de discernement ? Les deux sont utiles à la compréhension de l'itinérance. Dans le cadre de cette ouverture, l'exode sera privilégié. Durant l'Exil à Babylone, en effet, Isaïe le prophète annonce aux siens un « nouvel exode ». L'expérience exodique est ainsi première et fondatrice pour relire les situations où la terre et les repères semblent perdus (Isaïe 40,1-11 ; 41,17-20 ; 48,20-22). Ce nouvel exode d'Isaïe n'est pas la simple répétition du premier, il est neuf, différent de l'ancien. Une manière de signifier que chaque génération est invitée à vivre pour elle-même de cette même « sortie » d'Egypte (Exode 2,10), de Babylonie (Isaïe 49,9) ou d'ailleurs. L'itinérance exodique peut devenir inspirante pour chaque génération. Avant d'être l'Exode d'Israël, il est un exode parmi d'autres, mais paradigmatique pour aider les chrétiens à relire la manière dont Dieu se fait connaître et offre le salut aux itinérants.

1.1 L'exode est une sortie, une traversée pour une entrée en terre de la promesse

L'étymologie du mot grec *exodos* le signifie, il est un « chemin (*odos*) », « hors de (*ex*) », une sortie. Seuls quelques éléments de la sortie d'Egypte, de la traversée du désert et de l'entrée dans la terre de la promesse seront évoqués ici à titre suggestifs. Parce que les Israélites crient de leur servitude et que ce cri monte vers Dieu, Dieu voit et se fait connaître, à Moïse d'abord. Il lui donne mission de conduire son peuple parce qu'Il veut « le faire sortir » du pays d'Egypte (Exode 2,23-3), pour le faire monter vers une terre plantureuse et vaste. Au sortir de la mer des roseaux, Moïse et les Israélites, puis Myriam et les femmes chantent la libération déjà offerte (Exode 15). Mais reste à traverser le désert inhospitalier. Dieu donne l'eau, la manne et conclut une alliance pour la vie avec ce peuple. Certains regardent vers l'Egypte avec nostalgie (Nombres 11,5). D'autres décident de se tourner vers une divinité façonnée avec leurs mains, un veau d'or qu'ils adoreront comme celui qui les a fait sortir d'Egypte (Ex 32). Ils n'ont plus de berger à ce moment-là, Moïse est absent. Moïse quant à lui s'essouffle, n'en peut plus. « *Si c'est ainsi que tu me traites, fais-moi plutôt mourir* » (Nombres 11,15), dit ce dernier, alors qu'il est seul. Il s'adresse à Dieu qui le fait pourtant sortir pour son salut. Quant aux éclaireurs, à l'approche de la terre, ils font le rapport de ce qu'ils ont vu (Nombres 13), mais entendent détourner le peuple de ce pays : « Que ne sommes-nous morts en Egypte » s'écrie la communauté entière à leur récit. Se dessinent ainsi des figures de personnages en sortie, des manières parmi d'autres de vivre l'itinérance : être nostalgique même quand le pays quitté était synonyme d'asservissement, ne plus savoir à quel sens se vouer quitte à façonner une idole à sa mesure, s'épuiser jusqu'à s'arrêter pour vouloir mourir seul, se refuser à voir la terre promise pour ce qu'elle est, ruisselante de lait et de miel. La pérégrination est le lieu d'un apprentissage concret, celui d'une libération, à partir d'expériences, à plusieurs, grâce et en présence d'un Dieu qui se révèle dans cette traversée comme celui qui marche au milieu de son peuple. Le peuple d'Israël, qui relit son histoire après coup, voit dans son exode par étapes (sortie, traversée, don) la trace que Dieu l'a sorti « avec la puissance de son bras » (Luc 1,51) et le guide vers la vie. Les 10 paroles qu'Il leur confie en plein désert sont données à un peuple déjà libéré pour qu'il choisisse la vie (Deutéronome 30,15-20). La *carte communautaire*, qu'est en quelque sorte la Torah, fait mémoire de la sortie d'Egypte en train de se vivre (Deutéronome 5,6).

Les personnages bibliques en exode ne sont pas si étrangers aux adultes d'aujourd'hui, tels que décrits dans cet ouvrage (Jean-Yves Robin). Les adultes nostalgiques qui rêvent du sol sur lequel ils s'appuyaient ; transitionnels pour lesquels se joue la question de l'identité et du rester soi-même ; saturés à force de courir ici et là ; en quête de ré-enchantement et de bonheur dans un monde liquide ; tous ces adultes sont affrontés à la question de la finalité de la marche, à son orientation. Ce détour biblique aide à ré-entendre la parole de Dieu, « énergique et plus tranchante qu'aucun glaive à double tranchant » (Hébreux 4,12). Le point de vue croyant envisage l'itinérance comme orientée par la confiance donnée au Dieu de la promesse. Elle peut impliquer l'errance, la nostalgie, l'épuisement, le refus de recevoir ce qui est promis comme le montre le livre de l'Exode. L'itinérance décrite ici avec ces aléas concerne ce qui se joue dans la vie, mais aussi dans l'intériorité des adultes. La tradition spirituelle héritée de Saint Ignace de Loyola évoque ainsi les phases de consolation et de désolation ou de sécheresse qui rythment la vie intérieure d'une personne. L'Exode invite à prendre la question de l'itinérance du point de vue de Celui qui veut sauver « tous les hommes » (1Timothée 2,4), les libérer de ce qui entrave leur vie. La libération est offerte à qui veut la recevoir. L'itinérance y compris dans le désert n'est donc pas une malédiction dans la perspective biblique sauf à celui qui s'y perd, oubliant son orientation. Mais pour lui aussi demeure ouverte la possibilité d'être trouvé et de se retrouver.

Voilà de quoi interroger les formateurs – nomades sur leur prise en compte des adultes nomades, de leur questionnement quand ils doivent quitter leur terre et peinent à changer de terre, de leur quête d'une vie bonne quelquefois en butinant ici ou là au gré du temps, de la prise en compte des déboires durant la marche ou des essoufflements pour se déplacer pendant la formation. La Bible révèle, à travers le récit de l'Exode, des données anthropologiques de l'itinérance. Il pourrait être fructueux de relire les transformations vécues en formation à la lumière de l'expérience exodique. La tradition chrétienne est alors en partage pour tous les pédagogues. Si « (…) former, c'est permettre à chacun d'être 'en sortie'[209] » (Mgr Pascal Wintzer), comment prendre soin des essoufflés, des affamés, des épuisés ? Comment les accompagner dans la traversée de leurs échecs ? Quelle orientation, quelle

[209] Cf. ci-dessus p. 135.

promesse de vie, voire quelle espérance les porte ? Quelles représentations de l'absolu – ou de Dieu pour les croyants – sont engagées dans le « parcours » de formation, représentations des formés, mais aussi du formateur ? Quelle vision de l'humain itinérant s'exprime à travers les dispositifs pédagogiques proposés ?
Voilà de quoi fonder aussi l'engagement de formateurs – nomades, mais aussi disciples du Christ. Leur agir s'appuie sur l'espérance en un Dieu qui marche au milieu des siens, s'ajuste aux marcheurs pour les libérer. Un commentaire du Targum aide à articuler une tension qui sourd dans cet ouvrage, celle qui combine marche itinérante et point fixe. Ce point fixe est-il au bout de la route ? Il est remarquable à ce propos que le don de la terre ne soit pas raconté dans le livre de « l'exode », ni même dans le Pentateuque. La Torah s'achève sur la promesse d'une terre encore à recevoir, une espérance. Ce point fixe dans la Torah n'est donc pas d'abord le point d'arrivée de la marche. Mais quel est-il alors ? A propos du puits qui permet aux Israélites assoiffés de s'abreuver dans le désert, un commentaire du Targum précise : ce puits, creusé par les patriarches, Abraham, Isaac et Jacob, se déplace avec le peuple jusqu'à monter sur les montagnes et descendre avec le peuple dans les vallons (Targoum des Nombres 21,16-20) ! L'apôtre Paul, s'adressant aux chrétiens de Corinthe, fait référence à cette tradition et la réinterprète : « (…) Car ils buvaient à un rocher spirituel qui les suivait : ce rocher c'était le Christ » (1Corinthiens 10,4). Autrement dit, le point fixe est lui-même mobile ; le point fixe est le don que Dieu fait de sa présence à travers le puits pour les Israélites, le Christ lui-même pour Paul. L'image de l'Eglise « en sortie », chère au pape François et commentée dans cet ouvrage[210] (François-Xavier Amherdt) est à interpréter en fonction de cette mobilité exodique. Elle pérégrine elle aussi, les disciples missionnaires sont des itinérants comme leurs contemporains.

[210] Cf. ci-dessus p. 87-90.

1.2 L'exode de Jésus, voie de l'accomplissement

Il n'est pas fortuit que l'un des évangélistes choisit d'évoquer le dialogue de Jésus avec Elie et Moïse à propos de « son *exode* qui allait *s'accomplir* à Jérusalem » (Luc 9,31), alors que Jésus s'apprête à monter vers Jérusalem où il sera mis à mort. Moïse (Exode-Nombres), Elie (1 Rois 19) et désormais Jésus vivent un exode. Les contributeurs de cet ouvrage évoquent à plusieurs reprises la question du style, notamment celui qui a marqué la vie de Jésus : « Le don de Jésus sur la croix n'est autre que le sommet de ce style qui a marqué toute sa vie » écrit le pape François (EG 269). Dieu ressuscite Jésus, attestant ainsi que *son exode accomplit* la promesse de salut. C'est le cœur du kérygme de la foi chrétienne : « Dieu l'a fait et Seigneur et Christ, ce Jésus que vous, vous aviez crucifié » (Ac 2,36). Les formateurs – nomades chrétiens, en situation d'exode eux aussi, sont invités à comprendre leur propre exode et à le vivre en rapport avec celui du Christ.

Ils peuvent aussi interpréter autrement les notions d'épanouissement et de développement des personnes en formation. Les ressources de la foi chrétienne invitent à les intégrer dans la notion englobante d'*accomplissement* des personnes. En quel sens la formation y contribue-t-elle ? Que signifie cet accomplissement ? Le substantif peut traduire trois verbes dans les évangiles, sa signification est alors polysémique :

- *Est accompli ce qui est plein (pleroun)*, comme l'est un filet (Matthieu 12,48) ou un ravin (Luc 3,5). Une vie accomplie est une vie qui se remplit *de sens*. La formation devient le lieu qui aide à donner du sens aux faits, gestes, évènements, à interpréter. Pour les chrétiens, cette interprétation s'opère notamment par la confrontation aux Ecritures ;
- *Est accompli ce qui est fini* (*telein*) : à l'heure de la croix, Jésus dit : « (…) Ce qui me concerne va être accompli » (Luc 22,37). Une vie s'accomplit jusque et y compris à travers les passages de la mort à la vie. La formation devient un lieu de traversée des échecs, qui ne sont pas

gommés, mais assumés. Pour les chrétiens, cet accomplissement se fonde sur la foi et l'espérance que la mort n'a pas le dernier mot.

- *Est accompli ce qui est parfait (teleioun)* : quand ce qui est plein est aussi achevé, c'est le lieu d'une perfection (Luc 13,32). Une vie n'est jamais pleinement accomplie, la plénitude est une finalité tout autant qu'un désir. La formation devient le lieu pour entendre le désir profond des personnes dans leur quête d'une vie pleine. Pour les chrétiens, la perfection est réalisée à la résurrection. Elle est l'orientation ultime, en même temps que déjà en germe ici-bas.

Une vie accomplie selon le style de Jésus n'est pas une performance, ni l'atteinte d'une perfection à la force du poignet. C'est moins le sujet qui s'accomplit, que la Parole qui s'accomplit en lui et dans son monde.

> « Tout homme, comme aussi toute communauté humaine, cherche à s'accomplir, et il en rêve comme d'un bien qui tient au plus fort de son être et de ses aspirations. L'homme, qu'on a pu définir d'ailleurs comme un 'être inachevé', a le désir d'un plus et d'un mieux. L'idée de salut connote donc essentiellement et premièrement, avant qu'il soit question de péché ou de faute, la notion d'accomplissement. Idée toute positive donc, et que le Nouveau Testament reprend en termes religieux (salut) et dont il fait précisément une finalité de l'homme croyant »[211].

Le projet de la formation chrétienne est orienté vers cet accomplissement, le salut pour des sujets en devenir, désireux d'un plus et d'un mieux.

2. Le pôle dans l'itinéraire des mages (Matthieu 2,1-12) : des chercheurs cherchés

La question de l'orientation de l'itinérance a conduit à convoquer la figure de l'Exode. Quel est le « pôle » qui aimante la boussole

[211] Adolphe GESCHÉ, *La destinée, V. Dieu pour penser*, Paris, Cerf, 1995, p. 30.

des marcheurs ? Marcher en étant orientés, guidés, est l'expérience des premiers marcheurs de l'Evangile de Matthieu, les mages visiteurs. Deuxième détour biblique. Leur itinéraire peut être lu comme une figure de la recherche croyante d'adultes contemporains qui viennent en formation. Leur itinérance peut inspirer des formateurs nomades, chrétiens ou non. Avant de dégager l'actualité du récit des mages, nous commencerons par explorer ce qui est raconté de leur itinéraire.

2.1 Les mages, figures de chercheurs marcheurs

Les artistes présentent souvent trois hommes, mais d'autres les décrivent nombreux. Combien étaient-ils ? Ils sont un groupe et présenté comme tel. Ce qui importe, c'est moins leur identité, que ce qu'ils représentent. Le lecteur contemporain peut donc voir dans les mages un ensemble de figures qui sont potentiellement contenues dans la sémantique d'un terme grec rare *magoi* : marcheurs, érudits, païens, éloignés, interprètes de songes, des idolâtres, des gens mal-considérés. A cette liste, il convient d'ajouter une indication complémentaire : ils viennent « d'Orients » (v. 1). Le pluriel est intéressant car il permet d'embrasser non seulement ceux qui viennent d'Orient, mais bien d'autres.

2.2 L'astre qui met en marche vers un roi

Compris comme venant d'Orient, ils mettent leur pas dans ceux d'Abraham quittant sa terre natale, Ur en Chaldée, pour une terre que Dieu lui avait promise (Genèse 12,1-4). Comme pour Abraham, il est question d'un lieu (« *où* est le roi ? »), mais cette fois c'est quelqu'un qui est à rencontrer. Venus d'Orients, ils partent de différentes contrées pour être rassemblés grâce à l'astre du roi[212]. Ce sont des interprètes qui déduisent d'un signe observé chez eux la naissance d'un roi, du roi des Juifs. Ils scrutent. Sans les Ecritures, les mages sont déjà mis en

---

[212] Leur marche en préfigure d'ailleurs d'autres : au temps de l'avènement du Fils de l'Homme, un éclair brillera du Levant jusqu'au couchant (Matthieu 24,27), jusqu'à ce que l'étoile prenne sa pleine dimension cosmique, voire eschatologique. Beaucoup viendront alors de l'Orient et du couchant au festin (Matthieu 8,11).

mouvement comme malgré eux, parce que l'astre s'est levé. Quelqu'un les fait se lever et partir.
L'astre les rejoint, dans ce qu'ils font habituellement. Une lumière éclaire leur nuit, une étoile inhabituelle, moins familière (Matthieu 2,2). Des païens de différentes générations cherchent donc ce roi[213]. Le signe est donné de sa présence à ceux qui semblent les plus éloignés de lui. C'est donc une espérance qui traverse l'humanité. Sa venue était annoncée et consignée dans les Ecritures : désormais, c'est pour maintenant. Ce qui était écrit se vit dans l'aujourd'hui des mages de tous les temps.
Ils arrivent à Jérusalem, capitale royale et questionnent : « *Où est celui qui fut enfanté roi des Juifs ?* ». Il n'a pas encore de nom, bien que le narrateur l'ait précisé au lecteur (v.1). Il faudra attendre la crucifixion pour que son nom paraisse en toutes lettres : « *Celui-ci est Jésus, roi des Juifs* » (Mt 27,37). L'identité du roi n'est pas encore connue par les visiteurs. Ils ne connaissent de lui que son astre qu'ils voient. Ils ont un mobile pour se déplacer, répondre au signe du ciel qu'ils interprètent comme tel, pour se prosterner devant un roi, parmi d'autres, le roi des Juifs. Les mages ont cette capacité d'interpréter un signe qui modifie déjà leur vie, leur agir, qu'ils créditent d'un sens qui les met en mouvement.

2.3 L'effervescence et le trouble (v. 3-4)

A Jérusalem, la recherche des mages fait boule de neige. Tous se mettent à chercher à partir d'une demande initiale de non-connaisseurs de l'Ecriture, d'une expérience faite dans leur quotidien : Hérode, les grands prêtres, les scribes. Ceux-là n'avaient pas vu l'astre, mais ils connaissent les Ecritures. Il faut trouver « *où* » est le roi. Le bruit public se répand dans toute la ville et provoque l'incertitude. Pour les mages, ce n'est pas le messie, mais le roi des Juifs. Le trouble s'exprime d'abord chez

[213] Sans le savoir, leur expérience est celle de Balaam, sage-mage païen des bords de l'Euphrate (Nombres 24,17), qui annonce : « Je le vois – mais non pour maintenant, je l'aperçois – mais non de près : un astre issu de Jacob devient chef, un sceptre se lève, issu d'Israël. Il frappe les tempes de Moab et le crâne de tous les fils de Seth ».

Hérode, face à un potentiel rival, avant de gagner Jérusalem avec lui.

2.4 La lecture de l'Ecriture (v. 5-6)

Pour trouver le roi, il ne suffit pas de scruter le ciel ni de réunir les sages et les savants. Les mages seuls ne pouvaient trouver le lieu ; les prêtres seuls ne voient pas l'astre. Ensemble, le livre de la création et la Bible s'ouvrent pour révéler où réside l'enfant roi qui vient de naître. Ces deux chemins, celui de la marche concrète après le signe aperçu et celui de la lecture, conduisent à la rencontre du roi. La connaissance livresque a besoin des yeux qui scrutent le monde créé et vice versa.
Hérode rassemble non pas tout Jérusalem, mais *tous* les grands-prêtres et scribes. Le narrateur nous fait partager la reformulation de la question des mages par Hérode qui traduit : ils cherchent le Christ. Il traduit donc en langue biblique, juive la question posée par les étrangers à la foi d'Israël. La même quête peut donc être formulée de deux manières différentes : par les païens et par les Juifs, mais il s'agit du même roi qui est cherché. L'Ecriture est au centre de la circulation de recherche du roi - Christ.
Car, celui que les mages cherchent sans le connaître encore, les Ecritures en parlent comme d'un Messie promis : Le Christ, descendant de David. La quête des mages aboutit à l'enquête dans le Livre. Les grands-prêtres et scribes ré-énoncent les Ecritures devant leur unique interlocuteur, Hérode. L'introduction de la parole prophétique à cet instant du récit contraste avec la manière d'introduire les prophètes en Matthieu 1-2. Il n'est plus question comme ailleurs « d'accomplir la Parole que le Seigneur a dite par le prophète » (1,23 ; 2,6.15c.18.23c), seulement de citer l'écrit des prophètes. La lettre n'est plus vive, la Parole n'est pas reçue comme telle. Ils lisent pour enseigner, ne proclament pas une Parole adressée. Les savants peuvent lire et interpréter les Ecritures sans les écouter. Ils ne pourront se mettre en route.
L'Ecriture dévoile qui est l'enfant, son lieu d'origine, sa mission. Drôle de faire-part de naissance : l'enfant sera berger, guide du peuple. Ils ont lu et relu les Ecritures, combinent un extrait de Michée et du livre de Samuel. Les lettres, les livres se

réorganisent. Le contexte de Michée 5,1-3 indique que le messie sera grand jusqu'aux *confins de la terre*. Il s'agit pour les interprètes plutôt de la terre *de Juda*, un chef pour un peuple, Israël. Leur lecture des Ecritures est faite à partir de leur propre compréhension et représentations du « Christ ». Leur enquête dans le Livre tord l'énoncé pour que cette identité pré-construite soit sauve. Le messie qu'ils attendent est un chef, pas le sauveur.

2.5 La rencontre du huis-clos (v. 7-8)

Les mages avaient largement partagé la nouvelle du lever de l'astre à Jérusalem ; Hérode préfère une mission « en secret ». Hérode « *veut rendre hommage* » lui aussi, mais reste sur place. Il a pourtant tous les éléments en main (le lieu, le moment). Celui qui a cumulé le plus de savoir, pourtant ne se déplace pas. Il prétend vouloir, comme les mages, se prosterner (v. 8), mais il reste à Jérusalem. Pour véritablement rendre hommage, il n'y a pas de procuration possible. Chacun fait le chemin vers le roi, mais non pas seul : ensemble.

2.6 La joie d'être guidé jusqu'à l'enfant (v.9-10)

Les mages « écoutent » le roi qui conduit comme malgré lui au roi des Juifs. Ils voient l'astre. Ils ne lisent pas les Ecritures, ne savent pas que Bethléem est cité dans les Ecritures mais pourtant en vivent sans le savoir, dans leur déplacement. Les mages sont invités à quitter l'image qu'ils se faisaient du roi : un roi, dans un palais, d'une capitale royale. Il est tout autre, ni là où ils pensaient. En lisant l'Ecriture, c'est ce roi qu'il est donné de découvrir. Les quêtes, les nuits font chercher un roi tout-puissant, capable de hauts-faits et de victoires éclatantes. Lire les Ecritures, c'est accepter de convertir son image du roi sauveur.
De nouveau, l'astre prend le relais de l'Ecriture : un va-et-vient s'instaure. Les mages sont renvoyés au lieu premier de leur recherche : la route. Ils sont dé-routés pendant que d'autres, dans la capitale royale, sont déroutés. Eux, au contraire sont dans une grande joie. Joyeux de chercher, d'être guidés.
Pour qu'ils puissent se prosterner devant lui, le roi a son astre. Celui qui est appelé à guider son peuple selon les Ecritures, est déjà berger. La disparition de l'astre a pour effet l'enquête dans

le Livre. Les mages sont comme aimantés vers ce petit roi. Finalement il se donne à chercher. Déjà roi qui conduit et guide.

2.7 Devenir un familier de la maison et revenir chez soi par un autre chemin (v. 11-12)

Qui voient-ils en arrivant ? Nul palais à Bethléem, mais une maison. Après les pieds (la marche), les oreilles (l'Ecriture), les yeux des mages sont de nouveau mis à contribution. Ils n'ont plus à scruter le ciel. Le regard se fait contemplatif de l'enfant qui est avec Marie sa mère, celle qui l'a enfanté (v.2). Les gestes de prosternation, l'offrande des présents, de ce qu'il y a de plus précieux de chez eux, réalisent l'espérance du prophète Isaïe : « *Un afflux de chameaux te couvrira, de tout jeunes chameaux de Madian et d'Eifa viendront, ils apporteront de l'or et de l'encens, et se feront les messagers des louanges du Seigneur* » (Isaïe 60,6). Toutefois ils ne marchent pas jusqu'à Jérusalem comme le prophétisait Isaïe, mais vers Bethléem. Ils figurent les « nations ». Sans le savoir, ils réécrivent dans leur propre vie l'Ecriture, ils accomplissent la Parole.
Le retour chez soi se fera par un autre chemin. Ainsi en a décidé le songe. « Ils se retirèrent » (Matthieu 21,2.13.14.22), comme souvent avec un songe. Dieu est encore avec eux. Une menace pèse sur ce petit roi, né dans le plus petit des chefs-lieux de Juda. La puissance meurtrière plane sur l'enfant innocent.

2.8 Adultes et formateurs dans le sillage des mages

Les contemporains désorientés peuvent mêler l'intrigue de leur vie à celle du récit évangélique. Ils posent comme les mages des questions à partir de leur quotidien, qui conduisent à un questionnement plus profond quand ils peuvent se découvrir moins chercheurs que cherchés par le Christ. Le roi des Juifs dont ils savaient l'existence devient le messie devant lequel ils accepteront peut-être, en toute liberté, de se prosterner. Ils choisissent leurs itinéraires, marchent à plusieurs quand ils viennent en formation. Ils trouvent sur leur route des commentateurs des Ecritures et de la Tradition qui les orientent vers le Christ qu'ils cherchent, sans toujours savoir que c'est Lui qui se donne à rencontrer au bout du chemin. La route est joyeuse, de la

joie de chercher peut-être, d'avoir conscience d'être guidé sans doute. La rencontre du Christ passe par des médiations notamment le livre de la création et les interprètes du Livre. Les adultes ont une capacité à interpréter, écouter, regarder. Se dessine ainsi comme un itinéraire paradigmatique d'étapes pour des non-connaisseurs des Ecritures qui passent de l'observation à la contemplation.
Les formateurs nomades, quant à eux, peuvent se laisser questionner par une posture de « savants » qui accueillent le questionnement d'itinérants. La figure des prêtres et scribes est à lire aussi en fonction du projet littéraire de l'évangéliste. Ils ne sont pas le scribe capable de tirer de son trésor du neuf et de l'ancien (Matthieu 13,51-53), modèle du disciple du Royaume des Cieux qui se laisse enseigner avant d'enseigner. Leur rôle dans le récit suggère implicitement ce que pourraient être les écueils possibles pour des savants qui souhaiteraient transmettre ce qu'ils ont appris sans se déplacer. C'est avec ce regard « critique » que peuvent se formuler des questions à partir de la figure des prêtres et scribes, à propos de cinq aspects : le primat de la quête, la problématisation, le croisement des savoirs, l'immobilité des « savants », le savoir et la connaissance.
Dans la recherche des mages, se succèdent une quête, qui devient une requête (« où est le roi ? ») qui aboutit à l'enquête dans le Livre ; mais la quête fonde l'ensemble. La raison de la venue des mages itinérants est d'abord à entendre. Le récit trace alors une trajectoire. La formation est une étape dans le cheminement des adultes, un lieu, un temps qui ne dit pas le tout de l'itinérance. Le temps de la formation est en quelque sorte une portion de chemin balisé, qui peut orienter le reste de la marche, s'en s'y substituer. La formation présente une carte et des routes, avec un Orient pour les formations chrétiennes, et encourage les participants à « marcher ».
La question initiale est portée par des mages, ensemble, puis est reformulée par les experts en Ecritures, à partir d'une tradition. Ces derniers s'intéressent à ce qui intéresse leurs contemporains, à ce qui, déjà, les a mobilisés pour venir vers eux. Cette reformulation, pour utile qu'elle soit, met en jeu les représentations des experts, ici sur le messie. Ils l'induisent dans leur manière de relier des écritures. La problématisation est donc complexe :

celle des mages se double de celle des scribes. Ces derniers pourraient en quelque sorte se dire entre eux : « Ces mages parlent de *roi*, pour nous c'est le messie, celui qui reçoit l'onction, le Christ, que savons-nous du messie, qu'en disent les Ecritures ? ». Quand le formateur reformule la demande entendue en besoin, honore-t-il encore la requête initiale ? Se laisse-t-il questionner lui-même par la question posée ?
Après ce point névralgique de la problématisation, vient celui du croisement des savoirs. Les mages « savent » : ils savent interpréter l'astre. Les prêtres et scribes « savent » : ils savent se repérer, surligner, associer des écrits épars pour répondre à une question. Mais il est remarquable qu'à aucun moment dans le récit les uns et les autres ne se rencontrent. Les uns parlent de leur monde, les autres de leur livre. Hérode sert d'intermédiaire pour relayer la question des mages. Le « roi des Juifs » des mages est « le Christ » des Ecritures des prêtres et scribes et le potentiel rival d'Hérode. Chacun des protagonistes du récit évangélique suggère ainsi les désirs, les représentations, les intérêts voire les menaces qui entrent en ligne de compte quand il s'agit de prendre au sérieux la quête d'adultes nomades en formation.
Les prêtres, les scribes et le roi Hérode ne se déplacent pas. Ils ne modifient pas leur représentation, ils ne convertissent pas leur image du roi sauveur, ils ne se mettent pas en marche pour des raisons différentes. Pour pouvoir se déplacer, il manque au moins à tous un savoir d'expérience – ils n'ont pas vu l'étoile – et pour Hérode qui en sait pourtant davantage sur ce qu'il faut savoir, la décision de partir[214]. Aucun n'accompagne les mages dans leur marche, ne fait route avec eux. Si « la formation est aussi un accompagnement sur un même chemin[215] » (Mgr Pascal Wintzer), qu'advient-il à des formateurs qui enseignent à des adultes nomades sans eux-mêmes être mobiles ? Mais jusqu'où des formateurs peuvent-ils s'impliquer dans l'itinérance des formés ? Qu'est-ce qui distingue, dès lors, la posture de l'enseignement de

---

[214] La suite du récit décrit comment après le départ des mages, Hérode est pris d'une violente fureur et envoie mettre à mort dans Bethléem et tout son territoire tous les enfants de moins de deux enfants (Matthieu 2,16). Autrement dit, il n'ira jamais à Bethléem.

[215] Cf. ci-dessus p. 138.

celle de l'accompagnement ? La question peut être posée à partir du récit des mages.

Enfin, les mages cherchent sans connaître encore, mais en sachant déjà qu'un roi est né. Tout Jérusalem a écouté la question posée, quelques-uns ont recherché la réponse pour trouver le lieu de destination de la marche. Mais ces enquêteurs mènent leur recherche sans leurs interlocuteurs, sans leur dire d'où leur vient la réponse sur le lieu recherché, ni l'identité véritable du roi qui a fait lever son astre. Ils ont un savoir réservé. Le savoir n'est donc qu'en partie partagé par les protagonistes, mais, malgré ses aléas, il est finalisé par une rencontre dans une maison. Car la finalité de l'enquête est relationnelle. Elle donne de se mettre en relation. La langue hébraïque a un verbe qui dit cela : *yadah*, « connaître » jusque dans l'intimité. Pour les mages, le processus d'orientation (je m'oriente) passe par le détour de la rencontre qui aide à s'ouvrir à l'altérité (je suis appelé à). La relation est donc dans le récit un moyen d'apprendre et le lieu ultime de la connaissance. Le récit interroge la pré-compréhension des formateurs quant à leurs représentations de la finalité du savoir ? A quoi cela sert-il donc d'apprendre, de savoir, d'enseigner ?

Les formateurs nomades chrétiens peuvent plus spécifiquement lire le récit de Mt 2,1-12 pour eux-mêmes à un double point de vue : celui des mages et celui des connaisseurs des Ecritures. *Se situer comme les mages*, c'est se reconnaître en recherche de Celui qui sauve, avec d'autres, observer sa vie, celle du monde, la création, discerner des signes, accepter d'offrir ce qu'il y a de plus précieux parvenu au Christ, pour le contempler. La lecture de l'Ecriture est au cœur de cette recherche pour trouver le roi qui convertit toutes les images que l'on se fait de lui. *Se situer comme les connaisseurs de l'Ecriture*, c'est entendre un avertissement. Guider d'autres vers le Christ, se repérer dans le Livre, sélectionner des passages, les réunir, lire et interpréter les Ecritures dans une Tradition Vivante, ne dispensent pas de la marche sur la route. « Le chemin de la formation chrétienne est 'une route qui nous change'[216] » (Mgr Pascal Wintzer). Pour rendre hommage au roi qui aimante vers Lui, tout le corps est engagé, le corps de chaque disciple itinérant et le corps des

[216] Cf. ci-dessus p. 138.

disciples. La formation chrétienne apparaît pour les formateurs comme ce lieu de l'enquête dans les cartes de la Tradition chrétienne sur fond de quête de sens des mages d'aujourd'hui, d'orientation pour une rencontre avec le Christ-berger qui le premier, appelle vers Lui.

3. Un style et des pédagogies pour des formateurs de disciples missionnaires

Si l'orientation est donnée par le Dieu qui sauve, et si le pôle est le Christ berger qui conduit par lui vers le Père, reste à envisager le style de ces formateurs – nomades qui, dans l'Esprit, se veulent les témoins du Dieu Père, Fils et Esprit. Concrètement, comment faire ? Sont brièvement signalées quelques pistes à creuser.

La tradition chrétienne a des maîtres d'apprentissage auxquels elle peut se référer pour imaginer un style évangélique de formation nécessairement pluriel. Ce sont les évangélistes eux-mêmes qui sont des croyants qui écrivent pour des disciples du Christ, afin de leur annoncer la Bonne Nouvelle de Jésus-Christ. Il n'est que de lire l'introduction de leur livre ou leur finale pour s'en convaincre (Matthieu 1,1 ; Marc 1,1 ; Luc 1,1-4 ; Jean 21,24-25). Dans son corpus canonique constitué de *quatre* évangiles, l'Eglise a voulu inscrire d'emblée *des* manières d'évangéliser, de former des disciples qui marchent à la suite et au-devant du Seigneur. Il y a un style évangélique, le style de l'existence de Jésus ; il y a des expressions communautaires et singulières de ce style unique, des existences à la manière de, des manières d'être disciple, des itinéraires possibles pour suivre celui qui est le Chemin, la Vérité et la Vie et un passage obligé par le mystère pascal.

Les quatre évangélistes écrivent pour des communautés chrétiennes différentes, à des moments distincts pour des destinataires de milieux culturels divers. Le canon évangélique est le reflet de la prise en compte de la culture dans l'évangélisation. Cet ouvrage veut y contribuer pour le temps présent en analysant la nouvelle donne anthropologique du devenir adulte. D'autres aspects de la culture contemporaine mériteraient attention jusque et y compris

les modalités d'apprentissage et le rapport au savoir induit par la révolution numérique et les technologies de l'information.
Les dernières lignes veulent ouvrir un autre chantier. Pourrait-on imaginer des formations inspirées des pédagogies des évangélistes eux-mêmes ? Pour y parvenir, la recherche de Daniel Marguerat sur les stratégies narratives propres à chaque évangéliste qui construisent des lecteurs différents peut s'avérer fructueuse[217]. « Finalement, écrit-il, si l'Eglise ancienne a tenu dès le milieu du IIème siècle à maintenir la pluralité de quatre évangiles dans son canon scripturaire, n'est-ce pas en vertu des figures différentes de lecteurs que cette pluralité engendrait[218] ? » Le lecteur dé-routé de Marc est formé par une pédagogie du questionnement, d'une transmission d'un savoir problématisé. Les disciples y sont décrits comme des hérauts qui proclament l'Evangile. Le lecteur édifié de Matthieu est formé grâce à une pédagogie de l'enseignement. Les disciples y sont d'ailleurs appelés à enseigner et à baptiser au terme de l'évangile (Matthieu 28,16-20). Le lecteur enraciné de Luc bénéficie d'une relecture de l'expérience communautaire à la lumière des Ecritures. Les disciples y sont envisagés comme des témoins du Seigneur Jésus. Le lecteur initié de Jean, quant à lui, est plongé d'emblée dans le mystère dès les premières lignes du prologue et guidé par une pédagogique « initiatique ». Le disciple bien-aimé dit la proximité et l'intimité avec le Maître attendue des disciples. Il y a donc un lien fort, dans les évangiles, entre la manière de parler des disciples et la façon de former les lecteurs. D'où un possible adage : Dis-moi comment tu formes et je te dirai qu'est-ce qu'un disciple pour toi, qu'est-ce que la *suivance* du Christ, qui est le Christ pour toi. Ce travail de clarification dans des équipes de formateurs pourrait être bénéfique. Pour les formateurs – nomades, disciples missionnaires, ces quatre évangiles et leur pédagogie sont à même de renouveler des itinéraires pour des disciples, mais aussi de mettre à jour ses propres compréhensions de ce qu'est un disciple et le fait de suivre le Christ. Le

---

[217] Daniel MARGUERAT, « Quatre lecteurs pour quatre évangiles » in *Saveurs du récit biblique*, Daniel MARGUERAT & André WENIN, Labor et Fides / Bayard, 2012, p. 37-86.

[218] Daniel MARGUERAT, « Quatre lecteurs pour quatre évangiles », p. 47.

trésor pédagogique ecclésial est quadriforme et ouvre à l'inventivité, au-delà des cercles ecclésiaux. En effet, cette combinaison évangélique canonique du questionnement, de la relecture d'expérience, de l'enseignement à visée éthique et de l'initiation pourrait inspirer aussi des formateurs – nomades qui ne sont pas issus de la tradition chrétienne, ni ne partagent la foi qu'elle porte. La tradition chrétienne porte en elle une sagesse qui peut se partager avec les formateurs pédagogues quels qu'ils soient.

BIBLIOGRAPHIE

ALBERICH Emilio & BINZ Ambroise, *Adultes et catéchèse, Théologies pratiques*, Montréal / Paris / Bruxelles, Novalis / Cerf / Lumen Vitae, 2000.

AMHERDT François-Xavier (dir.), *Une Église en sortie*, *Lumen Vitae* 70 (2015), pp. 1-120.

ARENDT Hannah, *La crise de la culture*, Paris, Gallimard, 1972.

ARNSPERGER Christian, *L'homme économique et le sens de la vie,* Paris, Textuel, 2011.

ASSEMBLÉE PLÉNIÈRE DE L'ÉPISCOPAT FRANÇAIS, *Tous responsables dans l'Eglise ? Le ministère presbytéral dans l'Eglise tout entière "ministérielle"*, Lourdes, Centurion, 1973.

AUBERT Nicole (sous la direction de), *L'individu hypermoderne*, Paris, Erès, 2004.

AVANZINI Guy, *L'éducation des adultes,* Paris, Anthropos, 1996.

BACHELARD Gaston, *La formation de l'esprit scientifique. Contribution à une psychanalyse de la connaissance objective,* Paris, Vrin, 1938.

BACQ Philippe & THEOBALD Christoph (dir.), *Une nouvelle chance pour l'Évangile. Vers une pastorale d'engendrement*, Bruxelles, Lumen Vitae, 2004.

BACQ Philippe & THEOBALD Christoph (dir.), *Passeurs d'Évangile. Autour d'une pastorale d'engendrement*, Bruxelles, Lumen Vitae, 2008.

BACQ Philippe, « La pastorale d'engendrement, qu'est-ce à dire ? », *Lumen Vitae* 63 (2008), pp. 299-318.

BAUMAN Zygmunt, *Le présent liquide. Peurs sociales et obsession sécuritaire*, Paris, Seuil, 2007.

BAUMANN Zygmunt, *La vie liquide. Traduit de l'anglais par C. Rosson*, Paris, Fayard, 2013.

BEAUCHAMP Paul, *Parler d'Ecritures saintes.* Paris, Seuil, 1987.

BELLEFLEUR-RAYMOND Denise, *Accompagner des adultes dans la foi. L'andragogie religieuse*, Montréal / Bruxelles, Novalis / Lumen Vitae, 2005.

BELLET Maurice, *Le paradoxe infini,* Paris, Desclée de Brouwer, 2003.

BENOÎT XVI, *Verbum Domini*, Exhortation apostolique post-synodale sur la Parole de Dieu dans la vie et dans la mission de l'Église, Rome, 30 septembre 2010.

BEZANÇON Jean-Noël et alii, *La transmission, un défi impossible ?*, Paris, DDB, 2007.

BIEMMI Enzo & FOSSION André (dir.), *La conversion missionnaire de la catéchèse. Proposition de la foi et première annonce*, *Pédagogie catéchétique* 24, Bruxelles, Lumen Vitae, 2009.

BIEMMI Enzo, *Compagnon de voyage. Itinéraire de formation pour animateurs de catéchèse d'adultes*, Paris / Montréal / Bruxelles, Bayard / Novalis / Lumen Vitae, 2010.

BIEMMI Enzo, *La seconde annonce. La grâce de recommencer*, *Pédagogie catéchétique* 29, Bruxelles, Lumen Vitae, 2013.

BINZ Ambroise, MOLDO Robert & ROY Alain-Louis (et al), *Former des adultes en Eglise. Etat des lieux, aspects théoriques et pratiques. Hommage à Gilbert Adler*, Saint-Maurice, éd. Saint Augustin, 2000.

BINZ Ambroise & SALZMANN Sylvie, *Documents d'andragogie. Outils pour la formation et la catéchèse des adultes*, Fribourg, IFM, 2000.

BLANCHARD-LAVILLE Claudine, *Au risque d'enseigner. Pour une clinique du travail enseignant*, Paris, PUF, 2013.

BOONE Éric, « L'enjeu de la formation pour la construction des communautés locales » in ROUET Albert, BULTEAU Gisèle & RUSSEIL Jean-Paul (et al), *Un nouveau visage d'Eglise : l'expérience des communautés locales à Poitiers*, Paris, Bayard, 2005, p. 165-193.

BOUTINET Jean-Pierre, *L'immaturité de la vie adulte,* Paris, PUF, 1998.

BOUTINET Jean-Pierre & Dominicé Pierre (dir.), *Où sont passés les adultes ? Routes et déroutes d'un âge de la vie,* Paris, Téraèdre, 2009.

BOUVET Laurent, *L'insécurité culturelle. Sortir du malaise identitaire français,* Paris, Fayard, 2015.

BOYER Rémi & HORENSTEIN José-Mario, *Souffrir d'enseigner. Faut-il rester et partir ?*, Arquennes, MeoMogrames, 2013.

BRUNET Roger, « La composition des modèles dans l'analyse spatiale », *L'Espace géographique* 4 (1980), p. 253-265.

BÜLHER Pierre, « La mise en intrigue de l'interprète » in *La Bible en récits. L'exégèse biblique à l'heure du lecteur*, Daniel MARGUERAT (ed), *Le monde de la Bible* 48, Genève, Labor et Fides, 2002, p. 94-111.

CAPLOW Theodore, *Deux contre un. Les coalitions dans les triades. Traduit par P. Cep*, Paris, Armand Colin U2, 1971.

CARRÈRE D'ENCAUSSE Hélène et alii, *Foi chrétienne. Quelle transmission ? Perspective historique, enjeux actuels, Trajectoires* 19, Bruxelles, Lumen Vitae, 2009.

CASTEL Robert, *Les métamorphoses de la question sociale,* Paris, Fayard, 1999.

Catéchèse : *Les "Entretiens Vavin" sur la formation*, 74/1 (1979).

Catéchèse : *Formation : quand des laïcs se forment*, 107 (1987).

Catéchèse : *Former des adultes. Outils d'analyse et pratiques*, 130 (1993).

Catéchèse *: Les adultes aussi*, 155 (1999).

Catéchèse : *La formation chrétienne des adultes*, 162 (2001).

CHABOT Pascal, *Global burn-out,* Paris, PUF, 2013.

CHALIER Catherine, *Lévinas, l'utopie de l'humain,* Paris, Albin-Michel, 1993.

CHALIER Catherine, *Transmettre de génération en génération*, Paris, Buchet-Chastel, 2008.

CHAPELLE Albert, « La formation théologique du peuple de Dieu », *NRT* 107 (1985), pp. 187-197.

CHARLES Roger (dir.), *Regards sur une vie professionnelle. La passion de former*, Paris, L'Harmattan, 2002.

CHARLES Sébastien, *Les temps hypermodernes*, Paris, Le livre de poche, 2008.

CHEVALIER Catherine, *Enjeux théologiques des parcours de formation de laïcs à la responsabilité ecclésiale.* Thèse présentée au Theologicum de l'Institut Catholique de Paris et à la Faculté de théologie de l'Université catholique de Louvain (la Neuve), 2012.

CHEVALIER Catherine, *Entre doctrine et expérience croyante. La formation chrétienne des adultes du Concile à nos jours*, *Les fondamentaux* 5, Bruxelles, Lumen Vitae, 2014.

CLOT Yves, *Travail et pouvoir d'agir,* Paris, PUF, 2008.

COLLECTIF, *La catéchèse des adultes*, *Lumen Vitae* 63/ 4 (2008).

CONFÉRENCE DES ÉVÊQUES DE FRANCE, *Proposer la foi dans la société actuelle. Lettre aux catholiques de France*, Paris, Cerf, 1996.

CONFÉRENCE DES ÉVÊQUES DE FRANCE, *Aller au cœur de la foi. Questions d'avenir pour la catéchèse*, Paris, Bayard / Cerf / Fleurus-Mame, 2003.

CONFÉRENCE DES ÉVÊQUES DE FRANCE, *Texte national pour l'orientation de la catéchèse en France et principes d'organisation*, Paris, Bayard / Cerf / Fleurus-Mame, 2007.

CROZIER Michel, *Le phénomène bureaucratique*, Paris, Seuil, 1977.

DAGENS Mgr Claude, *Va au large. Des chances nouvelles pour l'Évangile*, Paris, Parole et Silence, 2001.

DAGENS Mgr Claude, *Aujourd'hui l'Évangile*, Paris, Parole et Silence, 2009.

DAGENS Mgr Claude., *Entre épreuves et renouveaux, la passion de l'Évangile. Indifférence religieuse, visibilité de l'Église et évangélisation*, Paris, Bayard / Cerf / Fleurus-Mame, 2010.

DAGENS Mgr Claude, *Catholiques en France, réveillons-nous !*, Paris, Bayard, 2012.

DANVERS Francis, *S'orienter dans la vie : une valeur suprême ? Essai d'anthropologie de la formation*, Villeneuve d'Ascq, Presses Universitaires du Septentrion, 2009.

DE LUBAC Henri, *Le drame de l'humanisme athée,* Paris, Cerf, 1944.

DE LUBAC Henri, *Paradoxes. Nouveaux paradoxes*, Paris, Seuil, 1959.

DE MATTEO Marie-Agnès & AMHERDT François-Xavier, *S'ouvrir à la fécondité de l'Esprit. Fondements d'une pastorale d'engendrement*, *Perspectives pastorales* 4, St-Maurice, éd. Saint-Augustin, 2009.

DEJOURS Christophe, *Le choix – Souffrir au travail n'est pas une fatalité,* Montrouge, Bayard, 2015.

DELEUZE Gilles, *Logique du sens*, Paris, Minuit, 1969.

DERROITTE Henri (dir.), *Catéchèse et initiation*, *Pédagogie catéchétique* 18, Bruxelles, Lumen Vitae, 2005.

DERROITTE Henri & PALMYRE Danielle (éds.), *Les nouveaux catéchistes. Leur formation, leurs compétences, leur mission*, *Pédagogie catéchétique* 21, Bruxelles, Lumen Vitae, 2008.

DESCHAVANNE Eric et TAVOILLOT Pierre-Henri, *Philosophie des âges de la vie*, Paris, Grasset, 2007.

DEWEY John, *Expérience et Éducation. Présentation et traduction de M.A. Carroi*, Paris, Armand Colin, 1968.

DEWEY John, *Démocratie et éducation : introduction à la philosophie de l'éducation. Présentation et traduction de G. Deledalle,* Paris, L'âge d'homme, 1983.

DEWEY John, *Reconstruction en philosophie*, Publications de l'université de Pau Farrago / Editions Leo Scherer, 2003.

DEWEY John, *La quête de la certitude : une étude de la relation entre connaissance et action. Traduit de l'anglais par P. Savidan*, Paris, Gallimard, 2014.

DUBET François, *Le déclin de l'institution,* Paris, Seuil, 2002.

EHRENBERG Alain, *La fatigue d'être soi. Dépression et société*, Paris, Odile Jacob, 1998.

ERIKSON Erik Homburger, *Enfance et société,* Neuchatel, Delachaux et Niestlé, 1974.

FABRE Michel, *Philosophie et pédagogie du problème*, Paris, Vrin, 2009.

FABRE Michel, *Éduquer pour un monde problématique. La carte et la boussole*, Paris, PUF, 2011.

FABRE Michel. *Penser la formation*, Paris, Fabert (3ème édition), 2015.

FAMERÉE Joseph (dir.), *Vatican II comme style. L'herméneutique théologique du Concile*, Paris, Cerf, 2012

LE BOUËDEC Guy & MERCIER Bernard (dir.), *Formation chrétienne des laïcs. Un développement unifié de la personne*, Angers, CRER, 2007.

FINKIELKRAUT Alain, *L'identité malheureuse,* Paris, Stock, 1993.

FOI ET CONSTITUTION, *Baptême, Eucharistie, Ministère*, Le Centurion, Les Presses de Taizé, 1982.

FOSSION André, *Dieu désirable. Proposition de la foi et initiation*, *Pédagogie catéchétique* 25, Novalis / Lumen Vitae, Montréal / Bruxelles, 2010.

FRANÇOIS, *Evangelii Gaudium*, Exhortation apostolique sur l'annonce de l'Évangile dans le monde d'aujourd'hui, Rome, 24 novembre 2013.

FRANÇOIS, *Laudato Si'*, Lettre encyclique sur la sauvegarde de la maison commune, Rome, 24 mai 2015.

FREUD Sigmund, « Psychologie des masses et analyse du moi » in *Essai de psychanalyse*, Paris, Petite Bibliothèque Payot, 1924, pp. 83-164.

GAGEY Henri-Jérôme, « Xavier Thévenot et la question de la différence chrétienne », in Geneviève MÉDEVIELLE et Joseph DORÉ (éd.), *Une Parole pour la Vie, Mélanges offerts Xavier Thévenot*, Paris, Cerf, 1998, pp. 257-276.

GAGEY Henri-Jérôme & VILLEPELET Denis, *Sur la proposition de la foi*, Paris, éd. de l'Atelier, 1999.

GAGEY Henri-Jérôme, « 'Quel professeur il fut pour moi ?'- *Antoine Delzant ou le risque de croire », Les cahiers d'ALETHE* 2015 (2015), pp. 35-43.

GAGEY Henri-Jérôme, *Les Ressources de la foi*, Paris, Salvator, 2015.

GESCHÉ Adolphe, *La destinée, V. Dieu pour penser*, Paris, Cerf, 1995.

GIGUÈRE Paul-André., *Une foi d'adulte*, Montréal / Bruxelles, Novalis / Lumen Vitae, 2006.

GROUPE DE RECHERCHE EN ANTHROPOLOGIE CHRÉTIENNE DE L'INSTITUT CATHOLIQUE DE PARIS, « Trouble dans la définition de l'humain. Prendre la mesure d'une crise anthropologique », *Supplément Transversalités, Revue de l'Institut Catholique de Paris* 1 (2013).

GRUBER Jacques, *« Vous serez mes témoins » pour un temps de confusion et de mutations*, » Paris, Cerf, 2009.

HOCQUARD Anita (dir), « Paul Ricoeur », in *Éduquer à quoi bon ?Ce qu'en disent les philosophes, anthropologues et pédagogues*, Paris, PUF, 1996.

HOUDE René, *Le mentor : transmettre un savoir-être*, Paris, Hommes et perspectives, 1996.

HOUSSAYE Jean (dir), *La pédagogie, une encyclopédie pour aujourd'hui*, Paris, ESF, 1993.

JEAN-PAUL II, *Redemptor Hominis*, Lettre encyclique pour le début de son ministère pontifical, Rome, 4 mars 1979.

JEAN-PAUL II, *Christifideles Laici*, Exhortation apostolique post-synodale sur la vocation et la mission des laïcs dans l'Église et dans le monde, Rome, 30 décembre 1988.

JEAN-PAUL II, *Ut unum Sint*, Lettre encyclique sur l'engagement œcuménique, Rome, 25 mai 1995.

JEAN-PAUL II, *Ecclesia in Oceania*, Exhortation apostolique post-synodale sur Jésus-Christ et les peuples de l'Océanie : suivre son chemin, proclamer sa vérité, vivre sa vie, Rome, 22 novembre 2001.

JOIN-LAMBERT Arnaud, « Vers une Eglise "liquide" », *Etudes* (février 2015), pp. 67-78.

KOWALSKI Georges, *La route qui nous change*, Paris, Cana, 1982.

LACROIX Roland, « Prendre au sérieux la démarche des recommençants », *Lumen Vitae* 63/4 (2008), pp. 423-435.

LAHIRE Bernard, *L'homme pluriel*, Paris, Nathan, 1998.

LAPOUTE-RAMACCIOTTI Catherine & PICART François, *Analyser les pratiques professionnelles dans l'Église. Proposition pour sortir du flou*, Paris / Montréal, L'Atelier / Novalis, 2010.

LE BOUËDEC Guy (dir.), *Les défis de la formation continue. Développement personnel, développement professionnel*, Paris, L'Harmattan, 1988.

LE BOUËDEC Guy & MERCIER Bernard (dir.), *Formation chrétienne des laïcs. Un développement unifié de la personne*, Angers, CRER, 2007.

Le BOUËDEC Guy, BRUEL Edouard & NIGET André, *Qui doit former les cadres de l'Enseignement catholique ? Les défis de l'Ispec*. Paris, L'Harmattan, 2011.

Le BOUËDEC Guy, PICHON Christophe, RIMBAUT Gwennola, *Récits de pratiques et récits bibliques. (Se) former à la relecture pastorale, Défi-formation,* Paris, L'Harmattan, 2015.

LE BOURGEOIS Pierre, *Pour annoncer l'Évangile aujourd'hui*, Paris, Salvator, 2010.

LINHART Danièle, *Perte d'emploi, perte de soi*, Paris, Erès, 2002.

LIPOVETSKY Gilles, *Le crépuscule du devoir : l'éthique indolore des nouveaux temps démocratiques*, Paris, Gallimard, 1992.

LUKACS Georges, *La Théorie du roman*, « Méditations », Paris, Denoël-Gonthier, 1963.

LUSTIGER Mgr Jean-Marie et alii, *Vous serez mes témoins*, Paris / Saint-Maur, Parole et Silence, 2005.

MACINTYRE Alasdair, *Après la vertu : étude de théorie morale. Traduit par L. Bury*, Paris, PUF, 1997.

MARGUERAT Daniel, « Quatre lecteurs pour quatre évangiles », in Daniel MARGUERAT & André WENIN, *Saveurs du récit biblique*, Labor et Fides / Bayard, 2012, p. 37-86.

MEYER Michel, *Questionnement et Historicité*, Paris, PUF, 2000.

MEYER Michel, *La problématologie*, Paris, PUF, 2010.

MOLDO Robert, « Les formations de laïcs dans l'Eglise de France entre 1970 et 1990 », *Revue des sciences religieuses* 67/3 (1993), p. 93-104.

MOLINARIO Joël (dir.), *Initiation et postmodernité*, *Lumen Vitae* 66, 2011, p. 121-240.

MOLINARIO Joël, *Le catéchisme, une invention moderne. De Luther à Benoît* XVI, Paris, Bayard, 2013.

MOOG François, *Accueillir ceux qui frappent à la porte de l'Église*, *Le point catéchèse* 1, Paris, Le Sénevé / ISPC, 2009.

MORIN Edgar, *Introduction à la pensée complexe*, Paris, Seuil, 1990.

MÜLLER Hadwig, SCHWAB Norbert & TZSCHEETZSCH Werner (éds.), *Une espérance qui parle – une Église en devenir. Proposer la foi dans la société actuelle*, Ostfildern, Schwabenverlag, 2001.

O'MALLEY John W., *L'événement Vatican II*, Bruxelles, Lessius, 2011.

PARMENTIER Isabelle et une équipe inter-services de Poitiers, *B'ABBA. Le b.a.-ba de Dieu c'est d'être Père,* Angers, CRER, 2011.

PARMENTIER Isabelle, *Elève moi ! Aux sources de l'éducation, l'Evangile,* Paris, Salvator, 2015.

PAUL Maela, *L'accompagnement : une posture professionnelle spécifique,* Paris, L'Harmattan, 2004.

PAUL VI, *Evangelii Nuntiandi*, Exhortation apostolique sur l'évangélisation dans le monde moderne, Rome, 8 décembre 1975.

PICHON Alain, *Les cadres à l'épreuve – confiance, méfiance, défiance,* Paris, PUF, 2008.

POPPER Karl Raimund, *La logique de la découverte scientifique. Traduit de l'anglais par Nicole Thyssen-Rutten et Philippe Devaux,* Paris, Payot, 1973.

PRAIRAT Eirick, *La Sanction, petite méditation à l'usage des éducateurs*, Paris, L'Harmattan, 1997.

Revue de sciences religieuses : *Pratiques de formation des adultes*, 79/3 (2005).

RABHI Pierre, *Vers la sobriété heureuse,* Paris, Actes Sud, 2010.

RENAUT Alain, *La libération des enfants, Contribution philosophique à une histoire de l'enfance*, Paris, Calman-Lévy, 2002.

RICOEUR Paul, *Temps et récit 1. L'intrigue et le récit historique,* Paris, Seuil, 1983.

RICOEUR Paul, *Temps et récit 2. La configuration dans le récit de fiction*, Paris, Seuil, 1984.

RICOEUR Paul, *Temps et récit 3. Le temps raconté,* Paris, Seuil, 1985.

RICOEUR Paul, *Soi-même comme un autre,* Paris, Seuil, 1990.

RORTY Richard, *Contingence, Ironie et Solidarité*, Paris, Armand Colin, 1993.

ROSA Hartmut, *Aliénation et accélération : Vers une théorie critique de la modernité tardive. Traduit de l'anglais par T. Chaumont*, Paris, La découverte, 2012.

ROSA Hartmut, *Accélération. Une critique sociale du temps. Traduit de l'allemand par D. Renault*, Paris, La découverte, 2013.

ROUET Albert, *L'étonnement de croire,* Paris, éditions de L'atelier, 2013.

ROUSTANG François, « Le troisième homme », *Christus* 52 (1966), pp. 561-567.

ROUTHIER Gilles (dir.), *L'éducation de la foi des adultes. L'expérience du Québec*, Montréal / Paris, Médiaspaul, 1996.

SCHILLEBEECKX Édouard, *Expérience humaine et Foi en Jésus-Christ*, Paris, Cerf, 1981.

SCOUARNEC Michel, *La foi, une affaire de goût. Annoncer l'Évangile et proposer la foi aujourd'hui*, Paris, éd de l'Atelier, 2007.

SCUDERY DE Madeleine, *Clélie, Histoire romaine*, Paris, Gallimard, 2006.

SEMAINES SOCIALES DE FRANCE, *Transmettre. Partager des valeurs, susciter des libertés*, Paris, Bayard, 2006.

SESBOUË Bernard, *Croire, Invitation à la foi catholique pour les femmes et les hommes du XXIème siècle*, Paris, Droguet et Ardant, 1999.

SOUBLIN Catherine, « Un parcours diocésain de formation pour laïcs en responsabilité » in Ambroise BINZ, Robert MOLDO & Alain-Louis ROY (et al), *Former des adultes en Eglise. Etat des lieux, aspects théoriques et pratiques. Hommage à Gilbert Adler*, Saint-Maurice, éd. Saint Augustin, 2000, pp. 283-289.

SYNODE DES ÉVÊQUES 2012, *Message final au Peuple de Dieu*, Rome, 27 octobre 2012.

THEOBALD Christoph, *La Révélation, Tout simplement* 32, Paris, éd. de l'Atelier, 2002.

THEOBALD Christoph, *Présences d'Evangile. Lire les Evangiles et l'Apocalypse en Algérie et ailleurs*, Paris, éd. de l'Atelier, 2003.

THEOBALD Christoph, Conférence au Congrès *Ecclesia 2007* à Lourdes, « À l'école du Christ initiateur », *Tabga* Hors-Série 3, Paris, 2007, pp. 52-63.

THEOBALD Christoph, *Le christianisme comme style. Une manière de faire de la théologie en postmodernité*, 2 T., *Cogitatio Fidei* 260-261, Paris, Cerf, 2007.

THEOBALD Christoph, « La foi a une histoire. La structure narrative de la transmission et sa régulation ecclésiale » in Enzo BIEMMI & André FOSSION (dir.), *La catéchèse narrative*, *Pédagogie catéchétique* 26, Bruxelles, Lumen Vitae, 2011, pp. 27-45.

THÉVENOT Xavier & JONCHERAY Jean (dir.), *Pour une éthique de la pratique éducative,* Paris, Desclée, 1991.

VALADIER Paul, *L'anarchie des valeurs*, Paris, Albin-Michel, 1997.

VARILLON François, *Joie de croire, joie de vivre,* Paris, Le Centurion, 1981.

VATICAN II, *Gaudium et Spes*, Constitution pastorale sur l'Église dans le monde de ce temps, Rome, 7 décembre 1965.

VENGRAND Paul, « Le manifeste de l'éducation permanente : l'homme de la réponse et l'homme de la question » in Gaston PINEAU (éd.), *Éducation ou aliénation permanente: repères mythiques et politiques*, Science et Culture, Montréal, Dunod, 1977, pp.78-85.

VIANIN Pierre & AMHERDT François-Xavier, *À l'école du Christ pédagogue. Comment enseigner à la suite du maître ?*, *Perspectives pastorales* 5, St-Maurice, Saint-Augustin, 2011.

VILLEPELET Denis, « Apprendre la différence et le partenariat », *La Maison-Dieu* 215/3 (1998), pp. 111-124.

VILLEPELET Denis, « Comment favoriser aujourd'hui la reconnaissance de soi et le sentiment d'appartenance à la communauté chrétienne ? », *Lumen Vitae* 56/1 (2001), pp. 15-28.

VON BALTHASAR Hans-Urs, *Qui est chrétien ? Traduction par R. Virrion*, Mulhouse, Salvator, 1698 (original 1967).

WITTGENSTEIN Ludwig, *De la certitude. Traduit de l'allemand par Jacques Fauve*, Paris, Gallimard, 1976.

ZALTZMAN Nathalie, *L'esprit du mal,* Paris, éd. de l'Olivier, 2007.

LES INSTITUTIONS PARTENAIRES

Cet ouvrage est issu de contributions d'un colloque programmé à l'Université Catholique de l'Ouest d'Angers, les 14 et 15 janvier 2015. Ce colloque, intitulé « Les adultes en formation chrétienne. Pour quelles conversions ? » a été organisé par la Faculté de théologie et sciences religieuses de l'Université Catholique de l'Ouest en partenariat avec les Instituts de Théologie Pratique et Pastorale de Lille, Lyon, Paris, Toulouse, Strasbourg. Il entendait prendre en compte la triple mutation en cours (le devenir adulte, l'action de formation et l'évangélisation) pour penser à nouveaux frais la formation des acteurs ecclésiaux (laïcs engagés dans l'Eglise avec ou sans lettre de mission).

Faculté de théologie (Université Catholique de l'Ouest d'Angers).

Institut Pastoral d'Etudes Religieuses (IPER– Université Catholique de Lyon).

Institut d'Etudes Religieuses (IER – Institut Catholique de Paris).

Institut de Théologie Pratique (ITPr – Université Catholique de Lille).

Institut d'Etudes Religieuses et Pastorales (IERP – Université Catholique de Toulouse).

Institut de Pédagogie Religieuse (IPR – Université de Strasbourg).

TABLE DES MATIÈRES

Éducation et Formation

aux éditions L'Harmattan

Dernières parutions

RECHERCHE (LA) EN ÉDUCATION
Pluralité et complexité
Sous la direction de Louis Marmoz et Raoul Marmoz
Cet ouvrage est exceptionnel. Il ose assumer tout à fait le caractère multiple de la recherche en éducation, en en montrant un grand nombre de facettes, mises en évidence grâce aux apports de plus de trente auteurs, chercheurs réputés, d'une douzaine de nationalités distinctes. Ce sont autant de regards sur les différents aspects de cette recherche, sur des questions ou des dimensions - des problèmes donc - précises.
(Coll. AFIRSE, 25.00 euros, 254 p.)
ISBN : 978-2-343-04952-6, ISBN EBOOK : 978-2-336-36536-7

PROFESSEUR (LE) INTERCULTUREL
L'éducation interculturelle des professeurs de langues dans la formation continue
Bastos Mónica
Cette étude vise à faire de l'éducation interculturelle une réalité dans nos écoles, en suivant son évolution depuis les politiques linguistiques et éducatives nationales et transnationales, jusqu'au discours de la recherche en didactique des langues. Pour cela, nous avons développé un programme de recherche et de formation intitulé « Le professeur interculturel ». Il a pour ambition que les professeurs en formation développent des compétences pour gérer la diversité et la communication interculturelle.
(Coll. Enfance éducation et société, 24.50 euros, 250 p.)
ISBN : 978-2-343-04597-9, ISBN EBOOK : 978-2-336-36820-7

ENSEIGNER À L'ÉCOLE PRIMAIRE
Dix ans avec un professeur des écoles
Sous la direction de Philippe Chaussecourte
Préface de Claudine Blanchard-Laville
Que peut-on dire de l'évolution de la pratique d'un professeur des écoles au cours des dix premières années de sa carrière ? Les auteurs de ce livre n'ont pas choisi de répondre à cette question par une enquête à grande échelle. De façon plus originale, ils ont décidé de concentrer leur regard sur un seul professeur qui leur a ouvert la porte de sa classe pendant dix années depuis son entrée dans le métier.
(Coll. Savoir et formation, 22.00 euros, 216 p.)
ISBN : 978-2-343-04453-8, ISBN EBOOK : 978-2-336-36493-3

DE L'ÉDUCATION MORALE DE LA JEUNESSE
Propositions de quelques paradigmes
Olinga Joachim - Préface de Richard Okene
L'enfance et la jeunesse sont les garants de la qualité du monde à venir. Leur prise en charge mérite une considération toujours croissante de tous les maillons de la chaîne éducative. Une société ne mérite que les hommes et les femmes qu'elle a elle-même façonnés. Les progrès enregistrés dans son sein reposent sur la mentalité et la quantité de la qualité des modèles de citoyens formés. Son développement devrait s'étendre sur le double point de vue matériel et spirituel.
(Coll. Enseignement et éducation en Afrique, 16.50 euros, 162 p.)
ISBN : 978-2-343-01251-3, ISBN EBOOK : 978-2-336-36525-1

VAGABONDAGES
Transmettre, enseigner, former...
Alin Christian
Le livre précédent de Christian Alin dans la même collection, *La Geste Formation* (Paris, L'Harmattan, 2010), était consacré à l'analyse des pratiques, à la question des gestes professionnels et à celle de leur transmission dans les métiers de l'enseignement et de la formation. Tenter, cette fois-ci, une écriture qui invite d'une autre façon à la pensée, à la poétique et toujours au partage, tel est le souhait de ce petit livre.
(Coll. Savoir et formation, 13.50 euros, 130 p.)
ISBN : 978-2-343-04734-8, ISBN EBOOK : 978-2-336-36563-3

DERRIÈRE LA SEIZIÈME PORTE
Une classe pour s'évader dans la prison – Récit
Leclerc du Sablon Françoise
Derrière la seizième porte, l'auteur nous invite à partager une bulle de liberté, dans sa classe, en prison. Ce petit livre n'est pas un discours militant, il n'expose pas de théorie politique, il ne juge pas, ni le système, ni les hommes ; il raconte une aventure, il met en scène des histoires dont le héros, quel qu'il soit, poursuit toujours une seule et même quête : (re)trouver son humanité. Pour atteindre cet objectif, il fallait un fil conducteur : l'estime de soi et un guide bienveillant (Françoise Leclerc du Sablon fut ce guide pendant quatorze ans).
(Coll. Rue des écoles, 14.50 euros, 144 p.)
ISBN : 978-2-343-05022-5, ISBN EBOOK : 978-2-336-36470-4

FORMATION (LA) EN ALTERNANCE
Complexité et dynamique des dispositifs
Bec Jacques, Singéry Jacky, Tricot Dominique
Cet ouvrage s'adresse à un public multiple, allant des acteurs de l'alternance, souvent confrontés à de fortes difficultés, jusqu'au citoyen qui s'interroge sur le devenir de l'éducation dans son pays. La diversité des contributions, des contributeurs, des angles d'approche et des points de vue exprimés aidera le lecteur à mieux comprendre la réalité de l'alternance, diversifiée, complexe et en constante évolution, qu'on ne peut maîtriser si l'on s'en tient à des schémas d'analyse trop réducteurs ou trop standardisés.
(Coll. Savoir et formation, 31.00 euros, 306 p.)
ISBN : 978-2-343-04558-0, ISBN EBOOK : 978-2-336-36600-5

L'ÉVALUATION D'UN PORTEFEUILLE UNIVERSITAIRE D'EXPÉRIENCES ET DE COMPÉTENCES

Enjeux et résultats pour 13 universités

Sous la direction de Philippe Lemistre, préface de Malika Kacimi

Cet ouvrage rend compte des résultats et enjeux de l'évaluation par le CEREQ et son réseau d'une expérimentation dans 13 universités de 2009 à 2013 du Portefeuille d'Expériences et de Compétences. Ce dispositif associe un outil numérique (e-portfolio) à l'accompagnement des étudiants dans leur démarche réflexive sur leurs expériences et parcours. Sa finalité est de valoriser les compétences acquises des étudiants et faciliter ainsi leur orientation et insertion professionnelle.

(Coll. Evaluer, 22.00 euros, 220 p.)

ISBN : 978-2-343-04606-8, ISBN EBOOK : 978-2-336-36513-8

MÉTHODOLOGIE DE LA RECHERCHE ET INITIATION À LA PRÉPARATION DES MÉMOIRES ET DES THÈSES

Agbobli Edo Kodjo Maurille

Chaque être a besoin de comprendre les événements qu'il vit et tous les aspects de l'environnement dont il dépend. Il importe de maîtriser la méthodologie qui y gouverne pour saisir le contenu des divers travaux destinés à nous éclairer. Tel est le but de cet opuscule très nécessaire aux étudiants et élèves des cycles 2 et 3 de l'enseignement supérieur, pour la validation de leurs travaux, et à tout lecteur qui veut comprendre les écrits scientifiques expliquant les phénomènes du monde contemporain.

(20.00 euros, 222 p.)

ISBN : 978-2-343-05230-4, ISBN EBOOK : 978-2-336-36517-6

ÉCRIRE POUR APPRENDRE

La démarche ECLER

Ferrand Noël

Dans la démarche ECLER, ceux et celles qui disent ne pas savoir sont autorisés à écrire. Ils sont invités à s'appuyer sur ce qu'ils savent déjà, pour construire de nouvelles compétences. Dans une posture «d'accompagnement-expert», le formateur accueille, conseille, oriente en construisant avec chacun, pas à pas, une progression sur mesure des connaissances à acquérir. Depuis plus de 25 ans, ECLER fait de l'hétérogénéité un levier pour l'apprentissage et développe chez les apprenants, initiative, créativité, autonomie et responsabilité.

(32.00 euros, 318 p.)

ISBN : 978-2-343-04351-7, ISBN EBOOK : 978-2-336-36318-9

RÉSEAU (LE) IDEKI

Objets de recherche d'éducation et de formation émergents, problématisés, mis en tension, réélaborés

Frisch Muriel - Préface de Joel Lebeaume

Créatrice du concept IDEKI (Information - Innovation - Didactiques - Documentation - Education - Knowledge - Ingénierie), Muriel Frisch intervient en formation auprès de publics variés, en articulant ses objets de recherche à ses interventions en formation. Les enjeux sont de mettre au jour

des émergences, des constructions de savoirs, de rendre compte de savoirs «chauds» sans les figer.
(Coll. ID/Émergences, cheminements et constructions de savoirs, 38.50 euros, 392 p.)
ISBN : 978-2-343-04772-0, ISBN EBOOK : 978-2-336-36441-4

ENTRETIEN (L') D'EXPLICATION
Usages diversifiés en recherche et en formation
Sous la direction d'Alain Mouchet
Ce livre a pour objectif de diffuser les usages diversifiés de la psychophénoménologie et de la méthode d'entretien d'explication, dans les recherches et les formations qui s'intéressent à l'expérience subjective. C'est l'occasion de répondre à des interrogations de nature scientifique à propos de la dimension implicite, sensible, intuitive, de l'expérience vécue en situation.
(Coll. Action et savoir, 34.00 euros, 302 p.)
ISBN : 978-2-343-03993-0, ISBN EBOOK : 978-2-336-36299-1

ÉCHEC (L') SCOLAIRE DES ENFANTS DE MIGRANTS
Pour une éducation interculturelle
Boukli-Hacène Nadia
Les enfants de migrants (ou pas), ne sont pas que des élèves qui doivent subir les aléas et exigences d'un programme illisible. En chaque élève, il y a d'abord un enfant et l'enfance est cette période privilégiée de la vie où tout est possible. Elle sert de référence, de point d'appui. L'école doit être le lieu où l'enfant est impliqué dans son apprentissage, car en chaque enfant, un adulte se prépare. Enseignants, pédagogues, formateurs, n'égarons pas cette clé, elle est précieuse, afin que nos enfants puissent accéder à l'essentiel. L'Éducation peut mieux faire, elle est l'instrument de cette quête fondamentale !
(Coll. Questions contemporaines, 19.00 euros, 188 p.)
ISBN : 978-2-343-04078-3, ISBN EBOOK : 978-2-336-36418-6

DOCTORAT ET MONDE PROFESSIONNEL
Coordonné par Françoise Cros, Edwige Bombaron et Marie-Laure Vitali
La société actuelle interroge de manière vive les qualités économiques et professionnelles de l'ensemble des diplômes accordés par l'Université. Dans cette perspective, cet ouvrage questionne les forces et les faiblesses du doctorat en sciences sociales et humaines face au monde économique, à travers une triple orientation : historique, de comparaison internationale avec des pays comme la Finlande ou le Canada et épistémologique.
(Coll. Action et savoir, série Rencontres, 15.50 euros, 156 p.)
ISBN : 978-2-343-03997-8, ISBN EBOOK : 978-2-336-35974-8

L'HARMATTAN ITALIA
Via Degli Artisti 15; 10124 Torino
harmattan.italia@gmail.com

L'HARMATTAN HONGRIE
Könyvesbolt ; Kossuth L. u. 14-16
1053 Budapest

L'HARMATTAN KINSHASA
185, avenue Nyangwe
Commune de Lingwala
Kinshasa, R.D. Congo
(00243) 998697603 ou (00243) 999229662

L'HARMATTAN CONGO
67, av. E. P. Lumumba
Bât. – Congo Pharmacie (Bib. Nat.)
BP2874 Brazzaville
harmattan.congo@yahoo.fr

L'HARMATTAN GUINÉE
Almamya Rue KA 028, en face
du restaurant Le Cèdre
OKB agency BP 3470 Conakry
(00224) 657 20 85 08 / 664 28 91 96
harmattanguinee@yahoo.fr

L'HARMATTAN MALI
Rue 73, Porte 536, Niamakoro,
Cité Unicef, Bamako
Tél. 00 (223) 20205724 / +(223) 76378082
poudiougopaul@yahoo.fr
pp.harmattan@gmail.com

L'HARMATTAN CAMEROUN
BP 11486
Face à la SNI, immeuble Don Bosco
Yaoundé
(00237) 99 76 61 66
harmattancam@yahoo.fr

L'HARMATTAN CÔTE D'IVOIRE
Résidence Karl / cité des arts
Abidjan-Cocody 03 BP 1588 Abidjan 03
(00225) 05 77 87 31
etien_nda@yahoo.fr

L'HARMATTAN BURKINA
Penou Achille Some
Ouagadougou
(+226) 70 26 88 27

L'HARMATTAN SÉNÉGAL
10 VDN en face Mermoz, après le pont de Fann
BP 45034 Dakar Fann
33 825 98 58 / 33 860 9858
senharmattan@gmail.com / senlibraire@gmail.com
www.harmattansenegal.com

L'HARMATTAN BÉNIN
ISOR-BENIN
01 BP 359 COTONOU-RP
Quartier Gbèdjromèdé,
Rue Agbélenco, Lot 1247 I
Tél : 00 229 21 32 53 79
christian_dablaka123@yahoo.fr

655941 - Mai 2016
Achevé d'imprimer par

1livre.com
du rêve à la réalité !